# 软文营销攻略

主　编　李伟苑
副主编　吴东薇　李京舟
参　编　吴宇基　彭明媚　王　豫
　　　　刘巧芬　卢淑华　曾文利
　　　　张柳红　曾检洪

机械工业出版社

本书是一本实用的软文营销指导用书。全书共分为 11 章，通过全面、系统地讲解软文营销基础知识、撰写技巧、发布步骤、媒介运用及风险防范知识，让读者对软文营销有一个由浅入深的认识和理解。同时，通过大量的经典案例、经验分享等，对各行业的软文营销进行整理分析，加深读者对软文营销的理解，提高其在实际软文营销操作中的能力。

　　本书结构清晰，语言简练，案例丰富，实用性强，可作为职业院校和培训机构电子商务专业、金融管理专业、广告学专业等财经商贸类课程的入门教材，同时也适合想学习软文营销的个人、站长、网店店主以及从事企业策划、企划、营销从业人员等参考。

## 图书在版编目(CIP)数据

软文营销攻略/李伟苑主编. —北京：机械工业出版社，2016.7（2018.9 重印）
ISBN 978 - 7 - 111 - 54057 - 1

Ⅰ. ①软… Ⅱ. ①李… Ⅲ. ①市场营销学 Ⅳ. ①F713.50

中国版本图书馆 CIP 数据核字（2016）第 136304 号

机械工业出版社（北京市百万庄大街22号　邮政编码100037）
策划编辑：聂志磊　　　责任编辑：赵晓婷
责任校对：马丽婷　　　封面设计：马精明
责任印制：常天培
北京圣夫亚美印刷有限公司印刷
2018 年 9 月第 1 版第 4 次印刷
184mm×260mm ·8.5 印张·199 千字
10001—11900 册
标准书号：ISBN 978 - 7 - 111 - 54057 - 1
定价：35.00 元

凡购本书，如有缺页、倒页、脱页，由本社发行部调换

电话服务　　　　　　　　　　　网络服务
服务咨询热线：010 - 88379833　机 工 官 网：www.cmpbook.com
读者购书热线：010 - 88379649　机 工 官 博：weibo.com/cmp1952
　　　　　　　　　　　　　　　　教育服务网：www.cmpedu.com
封面无防伪标均为盗版　　　　　金　书　网：www.golden - book.com

# 电子商务示范基地成果

## 编审委员会

**主 任 委 员：** 刘航标

**副主任委员：** 黄　健　王洪新　陈思玉　张　文

　　　　　　　陈利辉　李奕权　袁胜尧

**委　　　员：** 潘文锋　赖亦环　陈敬新　李会强

　　　　　　　罗志锋　罗宇辉　张杏辉　曾检洪

　　　　　　　黄应礼　黎辉雄　范春胜　钟伟康

　　　　　　　陈映玲　廖幸意　李　平　李伟苑

　　　　　　　李京舟　钟云苑　刘闪光

# 前　言

互联网尤其是移动互联网的发展改变了人们的生活和消费方式，也改变了人们对产品和企业的认知。网络营销是互联网时代最重要的命题之一。软文营销作为贯穿整个网络营销的营销方法和推广手段，已经成为了连接整个网络营销的枢纽。在当今媒体碎片化的时代，软文营销更加凸显了其巨大的能量和魅力。

本书共分为11章，主要讲述了软文及软文营销的基础知识、关键词应用、软文撰写技巧、各类软文的速写技巧、软文发布步骤、不同网络载体软文营销技巧、软文营销误区和风险规避及软文营销实例等内容。本书内容全面，案例丰富，能让读者轻松掌握软文营销的整个流程。

本书的主要特点如下：

1. 结构清晰，语言简练

本书主要围绕软文营销的写作、发布及维护这一脉络展开，布局合理，清晰明了，语言简洁精练，重点突出，让读者能迅速掌握软文营销的关键，轻松读懂软文营销。

2. 案例丰富，实战性强

书中案例丰富多样，结合案例思考和经典案例，让读者在案例中学到软文营销的具体方法和技巧。同时，理论与实践结合，案例前后都配套专题内容进行详解，有较强的实战性。

3. 图文并茂，直观形象

本书通过大量图片展现软文营销，避免了枯燥的纯文字讲述，直观形象地讲述软文营销的整体流程和技巧，让读者在愉悦中阅读书本内容。

本书编写团队成员均是来自兴宁市电子商务示范基地的电商创业培训讲师。兴宁市电子商务示范基地是由兴宁市政府、深圳市网商协会与兴宁市技工学校共同打造的电商创业孵化基地和运营基地，该基地开创了全国企业联盟与学校合作共建电子商务示范基地的先河，成立以来，基地已成为全国校企合作的成功典范，受到了各级领导和社会各界的广泛关注。编写团队根据长期在基地电子商务企业工作实践的经验和日常电子商务教学的总结，开发并编写了本书。

为方便学习，读者可登录机械工业出版社教材服务网（http://www.cmpedu.com）或加入电子商务交流群（QQ群：131145640）下载电子资源包（含助教课件等资源），分享资料和经验。

本书的编写得到了编者所在单位领导和同事的支持和帮助，在此深表感谢。

由于编者水平有限，书中难免有不足之处，恳请读者批评指正。

编　者

# 目 录

前言

第一章　初识软文 .................................................. 1
　一、软文的定义 .................................................. 1
　二、软文的分类 .................................................. 3
　三、软文的特点 .................................................. 8
　四、传统软文与网络软文的区别 .................................... 9
　五、软文的作用 ................................................. 10

第二章　认识软文营销 ............................................. 12
　一、软文营销的定义 ............................................. 12
　二、软文营销的分类 ............................................. 13
　三、软文营销的特点 ............................................. 16
　四、软文营销的优势 ............................................. 17

第三章　搜索秘诀——软文关键词 .................................. 22
　一、关键词的定义 ............................................... 22
　二、关键词的分类 ............................................... 23
　三、关键词的选择 ............................................... 27
　四、软文中植入关键词的技巧 ..................................... 30

第四章　如何撰写软文标题 ........................................ 33
　一、软文标题的作用 ............................................. 33
　二、软文标题的常见类型 ......................................... 36
　三、撰写软文标题的技巧 ......................................... 44
　四、软文标题的写作误区 ......................................... 46

第五章　撰写软文内容 ............................................. 49
　一、软文写作基础 ............................................... 49
　二、软文开头的写作 ............................................. 50
　三、软文正文的撰写 ............................................. 55
　四、软文写作常用的结尾方法 ..................................... 61
　五、软文撰写的禁忌 ............................................. 63

第六章　提高软文写作技巧 ........................................ 66
　一、软文植入广告的技巧 ......................................... 66
　二、写作创意训练方法 ........................................... 68
　三、增强软文说服力的技巧 ....................................... 72

第七章　速写各类软文 ............................................. 76
　一、产品类软文的速写 ........................................... 76
　二、行业类软文的速写 ........................................... 79
　三、用户类软文的速写 ........................................... 82

第八章　初步实施软文营销 ........................................ 86
　一、软文营销操作步骤 ........................................... 86
　二、软文营销策略与技巧 ......................................... 90

第九章　运用不同载体进行软文营销 ............................... 93
　一、论坛软文营销 ............................................... 93
　二、微博软文营销 ............................................... 97
　三、微信软文营销 .............................................. 101

第十章　规避软文营销风险 ....................................... 105
　一、认识软文营销的误区 ........................................ 105
　二、规避软文营销的各类风险 .................................... 107
　三、积极应对网络危机 .......................................... 115

第十一章　软文营销实例详解 ..................................... 120
　一、保健品类软文营销 .......................................... 120
　二、化妆品类软文营销 .......................................... 121
　三、家电类软文营销 ............................................ 123
　四、食品类软文营销 ............................................ 124
　五、汽车销售类软文营销 ........................................ 125
　六、金融类软文营销 ............................................ 126

# 第一章 初识软文

## 一、软文的定义

**案例思考**

今日的商业活动离不开广告,更离不开软文,"酒香不怕巷子深"的传统观念在市场经济面前早已被证明是行不通的。企业开展软文促销是市场竞争的直接结果,是企业决定参与市场竞争的标志。从某种意义上来说,一个企业的软文攻略就是该企业进入市场的宣战书。软文对企业在开拓市场、促进销售、改善企业形象、提高企业的整体竞争力和社会影响力上有着十分重要的作用,是连接企业、社会和消费者之间的桥梁。

众多企业在注重广告投入的同时,建立起其完善的网络平台,然后根据自身的市场占有率,到处发布自己的软文,对促进产品消费及提高品牌知名度起到了至关重要的作用。例如舒肤佳的软文,如图1-1所示。

二、舒肤佳——后来居上称雄香皂市场

1992年3月,"舒肤佳"进入中国市场,而早在1986年就进入中国市场的"力士"已经牢牢占住香皂市场,后生"舒肤佳"却在短短几年时间里,硬生生地把"力士"从香皂霸主的宝座上拉了下来,根据2001年的数据,舒肤佳市场占有率达41.95%,比位居第二的力士高出14个百分点。

舒肤佳的成功自然有很多因素,但关键的一点在于它找到了一个新颖而准确的"除菌"概念。

在中国人刚开始用香皂洗手的时候,舒肤佳就开始了它长达十几年的"教育工作",要中国人把手真正洗干净——看得见的污渍洗掉了。看不见的细菌你洗掉了吗?

图1-1 舒肤佳:后来居上称雄香皂市场

**思考:**
通过以上案例,你认为什么是软文呢?

在日新月异的网络市场中,软文占领着越来越重要的地位,成为信息传播的主要模式。借助合理的途径,可让软文内容在短时间内获得最佳的传播效果。那么,什么是软文?

具体而言,软文的定义有两种,一种是狭义的,一种是广义的。

## (一)狭义的定义

狭义的软文指企业花费在报纸、杂志等宣传载体上刊登的纯文字性的广告,如图1-2所示。即付费文字广告。

## (二)广义的定义

广义的软文是指企业通过策划在报纸、杂志或网络等宣传载体上刊登的可以提升企业品牌形象和知名度,或可以促进企业销售的一些宣传性、阐释性文章,包括特定的新闻报道、深度文章、付费短文广告、案例分析等,如图1-3所示。

图1-2 狭义的软文

本书所述的软文是指结合特定的概念要求和用讲道理摆事实的方式,使消费者走进设定的消费速成计划。它是一种向消费者传达详尽的信息并迅速实现产品消费的具有强有力的针对性、心理攻击性的文字(图片)模式。软文主要是由企业的市场策划人员或广告公司的文案人员来负责撰写的一种文字广告,它将宣传内容和文章内容结合在一起,让用户在阅读文章时能够了解策划人员所要宣传的信息。相比硬广告,软文传播是更有力的营销手段。软文的奥妙之处在于一个"软"字,将所要宣传内容通过绵里藏针的方式,于无形中使消费者走入精心设计过的"软文广告"里。

图1-3 广义的软文

## 二、软文的分类

软文的宣传载体多种多样,如:报纸、杂志、网络等。由于网络的共享和免费,所以通过网络发布软文,越来越受到企业,尤其是中小企业的青睐。软文的形式是多种多样的。

### (一)按软文的性质分类

#### 1. 日志软文

日志软文是反映网站日常工作情况和问题的文章,在撰写时相对复杂而烦琐,但最值得借鉴和探索研究,如图1-4所示。撰写这类软文时要特别谨慎:首先,应做到迅速及时,尤其是在网站日常工作进行或出现问题时更应注重速度;其次,要突出重点,一事一议,内容集中;再次,要记录网站更新过程,反映网站所有的问题,要实事求是。只有这样,消费者在阅读时才能学以致用,共同探讨。

图1-4 日志软文

#### 2. 新闻软文

新闻软文是针对某条新闻事实而撰写的专题软文。其内容首先要求准确详尽,即可以通过说理或陈述的方式把企业要传达的目标信息一一细说;其次要求及时传播,对企业发生的有重大价值的事件,必须第一时间传播出去,否则,就失去了新闻的价值,如图1-5所示。

#### 3. 业务软文

业务软文主要是针对商品或服务的优势撰写的引发读者购买和合作欲望的软文。其最终目的是售出产品,换取利润,如图1-6所示。

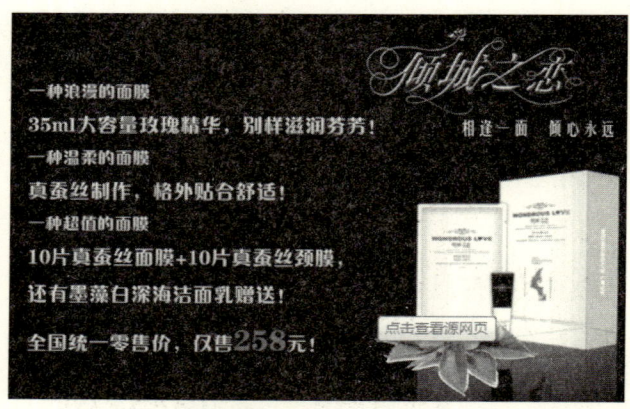

图 1-5　新闻软文

图 1-6　业务软文

## 4．评论软文

评论软文是指通过经验交流或引用典型的事迹来进行批评或议论的软文。这种软文成功的秘诀在于针对性强，营造矛盾点，激发读者正面评论。评论软文的好坏是一把双刃剑，切忌脱离现实，弄虚作假，如图 1-7 所示。

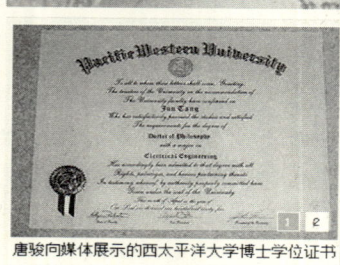

图 1-7　评论软文

## （二）按软文的形式分类

### 1．新闻式软文

新闻式软文是用新闻事件的形式进行企业软文宣传，目的在于增加软文的说服力，让消费者相信事件的真实性。这样的文体对企业自身有一定的要求，撰写时一定要结合企业的自身条件，否则容易给企业造成负面影响，如图1-8所示。

图1-8　新闻式软文

### 2．促销式软文

促销式软文是通过"攀比心理""影响力效应"多种因素来促使消费者产生购买欲望的方式，可以单独使用，也可以配合其他推广方式。如：某产品紧缺中；某产品新品抢购等，如图1-9所示。

图1-9　促销式软文

### 3．故事式软文

故事式软文是通过讲述一个完整的故事带出产品，由产品的"光环效应"和"神秘性"给消费者造成强烈的心理暗示，从而达到宣传产品或服务的目的。这是最为常见的一种软文形式。听故事是人类最古老的知识接受方式，故事的知识性、趣味性、合理性是撰写此类软文成功与否的关键。如：《超康集团全产业链成长启示录》《创业路上有你，就算苦涩也有甘甜》。

### 4．疑问式软文

疑问式软文是提出并围绕着一个问题自问自答，引起话题和关注。这个设问必须符合常识，具有吸引力，不能胡乱编造，否则会起到相反的作用。如：《人类可以长生不老？》《科学可以克隆人类？》。

### 5．情感式软文

情感式软文是将针对性强的美好温馨的信息使用情感表达方式传递，以达到打动消费者的一种重要方式。这类软文容易直攻消费者内心，促成消费。如：《亲爱的，烟戒不了，洗洗肺吧》。

### 6．猎奇式软文

猎奇式软文是利用人们的"猎奇心理"来促使消费者阅读软文，从而达到推广企业产品或是服务的目的。人具备思想的同时也拥有好奇的本能，对于未知的人或事物都有种想知道的欲望，所以，猎奇式软文成功的关键在于软文的标题是否有足够的吸引力，让消费者有关注内容的欲望，如图1-10所示。

图1-10　猎奇式软文

### 7．恐吓式软文

恐吓式软文是反情感类软文的一种表述，通常给消费者留下的印象会比情感式软文更深刻。如：《天啊，结石病害死人！》。

## （三）按软文的载体分类

软文根据发布载体平台的不同，可分为：平面媒体软文、博客软文、微博软文、微信软文、论坛软文以及淘宝店软文等。

### 1．平面媒体软文

这类软文具有一般新闻报道的外在形式，通常没有明显的产品销售信息，且不在标有"广告"字样的版面中，因此是最具隐蔽性、最为典型的一类软文广告。内容多涉及企业的历史、生产、管理、企业竞争力、行业优势、企业文化等有关的企业形象，采用通讯、评论、消息、人物专访、专家访谈、纪实报道、专家咨询、科普宣传等样式，如图1-11所示。

图1-11　平面媒体软文

## 2. 博客软文

博客软文没有什么限制，可撰写符合相应圈子文化的文字，可放置链接或者图片。博客软文篇幅建议控制在 600～1 000 字，尽可能地把想表达的观点阐述透彻，如图 1-12 所示。

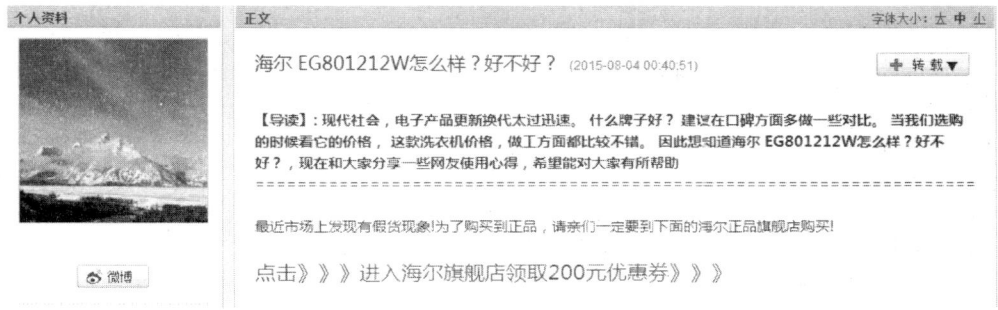

图 1-12　博客软文

## 3. 微博软文

每一条微博都有字符限制，所以撰写微博软文的难度远远高于撰写博客软文，发表软文时需要用浓缩的文字来表达，才能使有限的文字达到某种目标。微博软文是需要花心思去研究的，形式可以多样，如性感、有趣、经典，或借助明星效应，如图 1-13 所示。

图 1-13　微博软文

## 4. 微信软文

微信软文一般以朋友圈或者公众平台作为载体。微信与微博的主要区别在于微信中的好友大多是熟人，所以，这类软文比较可靠，也更容易被关注。分享一些趣味性、较感性，或者是热点的软文都是比较受欢迎的，如图 1-14 所示。

图 1-14　微信软文

#### 5. 论坛软文

论坛软文不能是直接的广告形式,也不能过于书面化,尽量多用一些网络流行语言来引起关注。如果论坛中不允许软文加图片加链接,可以退而取其次,做到关键词优化即可,如图1-15所示。

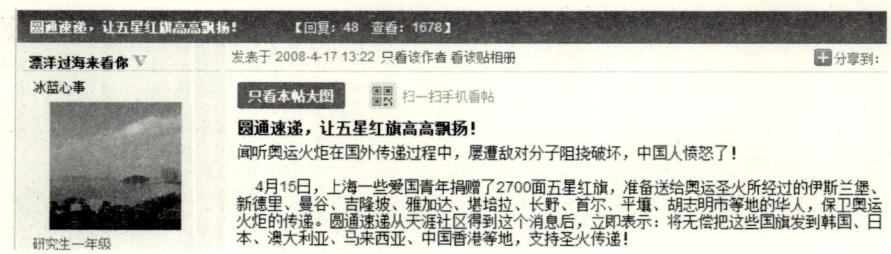

图 1-15　论坛软文

#### 6. 淘宝店软文

淘宝店软文通过综合软文的各种方式使消费者走进设定的思维圈,其目的主要是让消费者收藏店铺、收藏宝贝、购买商品。一篇好的淘宝店软文,需要注意以下技巧:一是标题要吸引人,才足以吸引人去点击,实现软文的价值。二是开头要劲爆,引人入胜,让读者有兴趣看下面的内容。三是内容要原创,否则很容易因抄袭而遭到反感。四是图文并茂,增加软文真实性。最后,结尾要能引起共鸣,有了互动的软文,才是达到的最好的宣传效果,如图1-16所示。

### 三、软文的特点

软文不拘泥于文体,表现形式多样,带有丰富的文字资料,信息的传递极其完整。从论坛发帖到博客文章、网络新闻,从娱乐专栏到

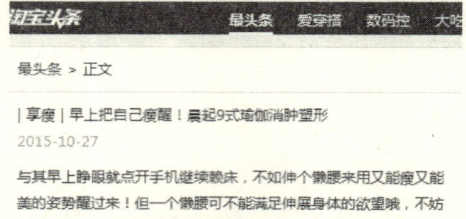

图 1-16　淘宝店软文

人物专访,从电影到游戏……几乎遍布网络的每个角落,因此,大部分的网络用户都是其潜在消费者。下面就软文的特点进行总结:

#### (一)渗透性

软文是将要宣传的信息嵌入文字,从侧面进行描述,属于渗透性传播。其本质是商业广告,与网络广告的最大区别在于没有明显的广告目的,以新闻资讯、评论、管理思想、企业文化等文字形式出现,让消费者在潜移默化中受到感染。

#### (二)可信性

软文的宗旨是制造信任,它弱化或者规避了广告行为本来的强制性和灌输性,一般由专业的软文写作人员在分析产品目标消费群的消费心理、生活情趣的基础上,投其所好,用极具吸引力的标题或话题来吸引网络用户。然后用细腻、具有亲和力或者诙谐、幽默的文字以讲故事

等方式打动消费者，而且文章内容以用户感受为中心，处处为消费者着想，使读者易于接受。尤其是新闻类软文，从第三者的角度报道，消费者从关注新闻的角度去阅读，信任度高。

### （三）效益性

传统的硬广告受到版面限制，传播信息有限，投入风险大，成本较高。相比之下，软文具有高性价比的优势，信息量大，而且不受时间限制，可以在网站上永久存在。经过调查显示：企业在获得同等收益的情况下，对软文的投入是传统营销工具投入的1/10，而信息到达速度却是传统营销工具的5～8倍。此外，软文有非常好的搜索引擎效果，可以进行二次传播，通过网络整合，企业可以把相关信息同时发布到互联网上所有大型门户网站以及全国各个地方性门户、行业网站的相关频道，该软文还可以继续被其他网站转载。

### （四）双向性

客户可以在专业的软文营销网站进行网上下单，并根据自己的特定要求制定详细的订单，可以对软文完成的时间、题目、内容、字数等提出要求。客户提交订单后客服人员立即与客户取得联系，双方进行沟通交流，进行具体的方案策划、媒体选择、价格商定等，然后签订合同，方案执行后软文营销公司给客户反馈关于其策划的软文给企业带来的效果报告，并随时为客户进行售后服务。

## 四、传统软文与网络软文的区别

传统软文是相对于网络软文而言的，就是使用传统的媒体发布的软文。网络软文就是在网络上发布的软文。传统软文和网络软文两者投放的媒体不一样，自然就会有一些不一样的特点和性质，主要包括以下三个方面：

### （一）网络软文比传统软文更加便民

对传统的报纸杂志的收藏，需要分门别类做整理，而网络可以节省大量的时间，我们可以把好的软文进行收藏、下载、保存。即使没做这些保存，通过搜索也能找到想要的文章。

### （二）网络软文比传统软文表达更加多样化

传统报纸杂志的软文有严格的文章编辑要求，语言表达和篇幅布局受版面布局影响不能有太大突破，因此我们很少看见权威的报纸杂志有图文结合的软文。而网络以开放的形式突破传统媒介的束缚，网络软文字体颜色可以加粗加亮甚至变色，图片、音频和视频的插入可以更加形象生动地表达和传播"软广告"。这些都是传统软文表达所没有的"软"效果。比如经常看到的汽车广告，在传统媒介最好的效果是图文结合，而网络媒介可以有视频实拍的过程效果解说，这样网络软文营销效果远大于传统软文营销效果。

### （三）网络软文比传统软文更加容易传播

由于传统软文是付费在报纸杂志上做的广告，企业只有通过续费才有报纸杂志去转载，传播途径有限，导致阅读群体受限；而网络软文特别是可读性强的经典软文，网站编辑都会主动转载，在短时间内可把"软"信息迅速发布，扩大传播面，让更多网民分享。

网络软文是一个不断发展的过程，要不断地拓展平台发出我们声音和信息，让别人知道和了解相关信息，才能达到一个良好的效果和回报。

### 五、软文的作用

软文已经成为网络中不可分割的一部分,其广泛应用于互联网、电子商务、房地产、通信、婚宴预订、家电、汽车、宠物用品、贸易金融、家庭装修等多个行业。它不是赤裸裸地宣传自己的产品或者企业,而是采取一种曲折的方式去表达,往往比其他推广方法更加有效果。那么,软文具体有哪些作用?

#### (一)促进消费力

一篇优质的软文可以增加企业信息覆盖面,提高品牌关注度和曝光率,提高网站客户转化率等。让企业的产品、相关信息尽可能多地在各大门户网站、垂直行业网站、地方网站上铺开,让更多的潜伏客户了解产品,最后成为你的客户,提高客户转化率。软文讲究的是润物细无声,以目标受众轻易接受的方式切入消费者内心,并在消费者密集的地方进行软文教育,感动消费者,促进消费行为,为企业起到增加收益、创造佳绩的目标。

#### (二)提高知名度

降低企业成本,软文最大的作用是潜移默化地影响消费者,最终形成购买力,当然这和软文具有隐蔽性是息息相关的。当阅读一篇软文的时候,其实你已经被软文广告影响了,或者相信了软文广告中要宣传的产品优势。对于很多创业初期的企业来说,软文一直是十分好的宣传方式,它成本低、传播广,并且如果写成新闻稿,在各大门户发布容易形成公信力和取得用户的信任,可以提升企业的品牌知名度。

#### (三)传播价值观

一个企业在成长的过程中难免存在一些负面信息,特别是在互联网信息膨胀的时代,网络传播的高速性、可无限复制性等,给企业的品牌维护埋下了隐患,而软文在网络公关危机中发挥着重要的作用,特别是在洽谈无果后,可以编写针对某件事情的正面软文并在各大知名门户进行投放,可以实现压制不同、失实、无效的垃圾信息,当用户在搜索某企业关键词或品牌时,能够展现企业良好、正面的形象。

 **经典案例**

海尔电器的软文投入在电器行业有目共睹,海尔借助软文为海尔电器产品进行了很好的品牌宣传,打响了企业的知名度,如图1-17所示。

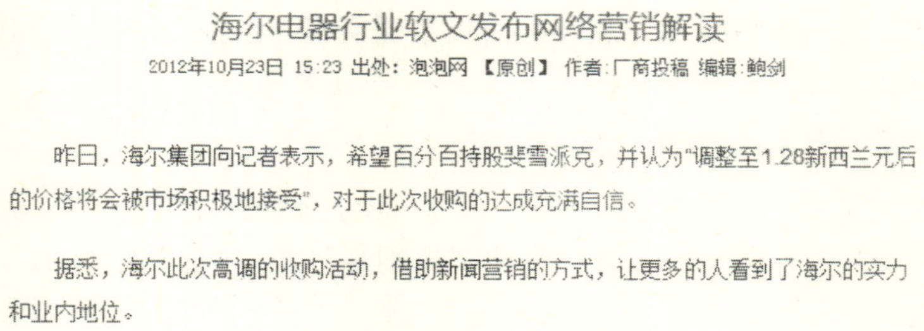

**海尔电器行业软文发布网络营销解读**
2012年10月23日 15:23 出处:泡泡网 【原创】 作者:厂商投稿 编辑:鲍剑

昨日,海尔集团向记者表示,希望百分百持股斐雪派克,并认为"调整至1.28新西兰元后的价格将会被市场积极地接受",对于此次收购的达成充满自信。

据悉,海尔此次高调的收购活动,借助新闻营销的方式,让更多的人看到了海尔的实力和业内地位。

图1-17 海尔电器软文营销解读

 知识链接

第二次世界大战中美国陆军兵器修理部首创5W1H分析法,应用到撰写软文方面如下:
Why（清楚为什么写这篇软文）;
What（正文的主要内容是什么）;
Where（软文通过哪些平台去传播）;
When（何时发出该软文能收到最好的成效）;
Who（这篇软文主要传输的群体是谁）;
How（应以什么样的形式表示出软文的时效性）。

## 本章小结

本章主要介绍了软文的定义、软文的分类、软文的特点、传统软文与网络软文的区别、软文的作用等内容。写好一篇软文,精髓在于传播,增加知名度,提升主动搜索性,以便达成交易。通过本章内容的基础学习,有助于学生进行其他章节的深度学习。

## 本章习题

1. 什么是软文?
2. 软文有哪些分类?
3. 软文的特点是什么?
4. 传统软文与网络软文有哪些区别?
5. 软文的作用是什么?

# 第二章 认识软文营销

## 一、软文营销的定义

**案例思考**

2012年4月6日是满载财富和梦想的泰坦尼克号意外沉没100周年,詹姆斯·卡梅隆导演的3D版《泰坦尼克号》于那天隆重震撼上映。该电影的票房创造了中国电影市场历史中的一个新纪录。下面就以票房的成功来解读其是如何运用软文营销的。

早在2011年开始用3D技术翻新旧版《泰坦尼克号》的时候,各大网站、博客、论坛等就涌出许多相关新闻,特别是以微博、人人网、QQ空间中疯狂转载的"2012在世界末日来临之前你将和谁牵手踏上《泰坦尼克号》"的文章以及在电影上映时出现大批打着怀旧温情牌的文字"十五年前陪你看泰坦尼克号的人现在在哪?",让人们在看3D版《泰坦尼克号》时感受到的不只是一部电影,更是一种回忆,很大一部分人是抱着回忆的想法去观看的。还有一部分热恋中的青年或许没看过旧版的《泰坦尼克号》,靠着这些铺天盖地的文字,就会让你觉得谈恋爱的人不去看就是一大损失,如图2-1所示。

图2-1 3D版《泰坦尼克号》剧照

**思考:**
分析以上案例,你认为什么是软文营销呢?

在信息化高速发展的今天,营销已经不单单局限于传统的方式,作为商业环节中重要的环节之一,营销伴随高速化网络信息发展也在不断革新,软文营销就是其中最新的方式之一。

软文是由企业的市场策划人员或广告公司的文案人员来负责撰写的"文字广告"。软文之所以叫作软文,精妙之处就在于一个"软"字,它追求的是一种春风化雨、润物无声的传播效果。

如果说硬广告是外家的少林功夫;那么,软文则是绵里藏针、以柔克刚的武当拳法,软硬兼施、内外兼修,才是最有力的营销手段。软文营销文字可以不要华丽,可以无须震撼,但一定要推心置腹说家常话,因为最能打动人心的还是家常话,绵绵道来,一字一句都是为消费者的利益着想。软文营销是生命力最强的一种广告形式,它跟传统的广告不同,是很有技巧性的广告形式。

那么软文营销又是什么呢?软文营销,就是指通过特定的概念诉求,以摆事实讲道理的方式使消费者走进企业设定的"思维圈",以强有力的针对性心理攻击迅速实现产品销售的文字模式和口头传播,如:新闻、第三方评论、访谈、采访、口碑。软文是基于特定产品的概念诉求与问题分析,对消费者进行针对性心理引导的一种文字模式,从本质上来说,它是企业软性渗透的商业策略在广告形式上的实现,通常借助文字表达与舆论传播使消费者认同某种概念、观点和分析思路,从而达到企业品牌宣传、产品销售的目的。

软文与软文营销的区别是:软文是带有某种动机的,由企业的市场策划人员或广告公司的方案人员来负责撰写的一些宣传性、阐释性文章,也就是"文字广告",包括特定的新闻报道、深度文章、付费短文广告、案例分析等。软文营销则是个人和群体通过撰写软文,实现动机,达成交换或交易目的的营销方式。

### 经验分享

市场对"脑白金"的需求量能持续很久,就是因为它的软文营销效果,它最初的营销策略,是从两篇文章开始的——"人类可以长生不老吗""两颗生物原子弹"。从文章标题看就是普通的科普新闻,大家一定认为这个文章很一般,但是它却可以轻松地抓住读者的眼球。很多人都对"长生不老"很好奇,"脑白金"就是利用有争议的话题进行炒作,从而达到营销的效果。软文营销就是用文章来做营销,一定要从人们感兴趣的话题着手。

## 二、软文营销的分类

根据软文营销的呈现形态和不同作用,可进行以下分类。

### (一)按呈现形态的不同

按软文营销呈现的形态不同,可分为以下三类:广告版面、专刊专版、新闻版面。一般标注为新闻报道,都具有广告宣传的作用。

#### 1.广告版面

采用新闻文体形式,实际是广告,如图2-2所示。

图2-2 广告版面软文

#### 2.专刊专版

采用新闻报道形式,实际是广告性文章,如图2-3所示。

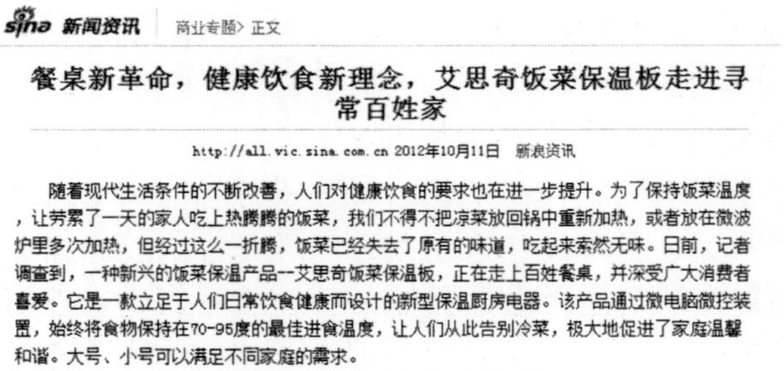

sina 新闻资讯 | 商业专题> 正文

**餐桌新革命，健康饮食新理念，艾思奇饭菜保温板走进寻常百姓家**

http://all.vic.sina.com.cn 2012年10月11日 新浪资讯

随着现代生活条件的不断改善，人们对健康饮食的要求也在进一步提升。为了保持饭菜温度，让劳累了一天的家人吃上热腾腾的饭菜，我们不得不把凉菜放回锅中重新加热，或者放在微波炉里多次加热，但经过这么一折腾，饭菜已经失去了原有的味道，吃起来索然无味。日前，记者调查到，一种新兴的饭菜保温产品--艾思奇饭菜保温板，正在走上百姓餐桌，并深受广大消费者喜爱。它是一款立足于人们日常饮食健康而设计的新型保温厨房电器。该产品通过微电脑微控装置，始终将食物保持在70-95度的最佳进食温度，让人们从此告别冷菜，极大地促进了家庭温馨和谐。大号、小号可以满足不同家庭的需求。

图 2-3　专刊专版软文

**3. 新闻版面**

采用新闻文体形式，与新闻报道间杂出现，有的冠以广告之名，有的不加任何标注，如图 2-4 所示。

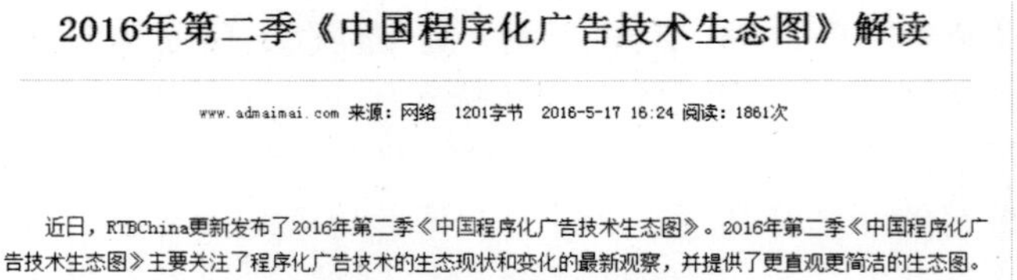

**2016年第二季《中国程序化广告技术生态图》解读**

www.admaimai.com 来源：网络　1201字节　2016-5-17 16:24 阅读：1861次

近日，RTBChina更新发布了2016年第二季《中国程序化广告技术生态图》。2016年第二季《中国程序化广告技术生态图》主要关注了程序化广告技术的生态现状和变化的最新观察，并提供了更直观更简洁的生态图。

图 2-4　新闻版面软文

## （二）按软文营销作用的角度

按软文营销作用的角度不同，可分为以下三类。

**1. 推广类软文**

推广类软文主要借助网络平台发布软文对产品或企业文化进行推广宣传，它的主要形式包括以下六种。

（1）站长在软文中推荐店址，如图 2-5 所示。

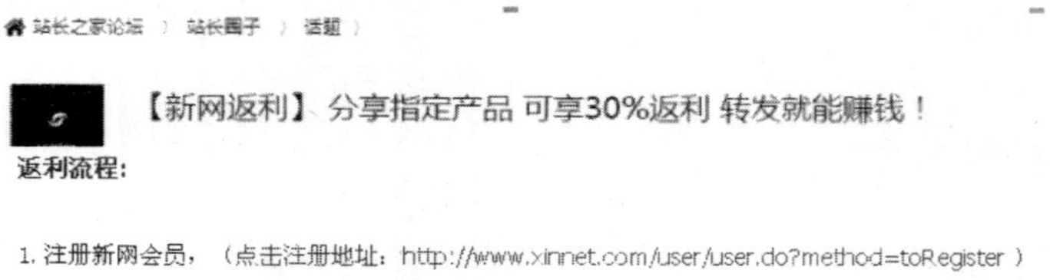

站长之家论坛 › 站长圈子 › 话题 ›

【新网返利】分享指定产品 可享30%返利 转发就能赚钱！

**返利流程：**

1. 注册新网会员，（点击注册地址：http://www.xinnet.com/user/user.do?method=toRegister ）

图 2-5　站长在软文中推荐店址

（2）网店店主在文章中推荐店址，如图 2-6 所示。图中的玛萨玛索（MasaMaso）其实就是网店的一个网址。

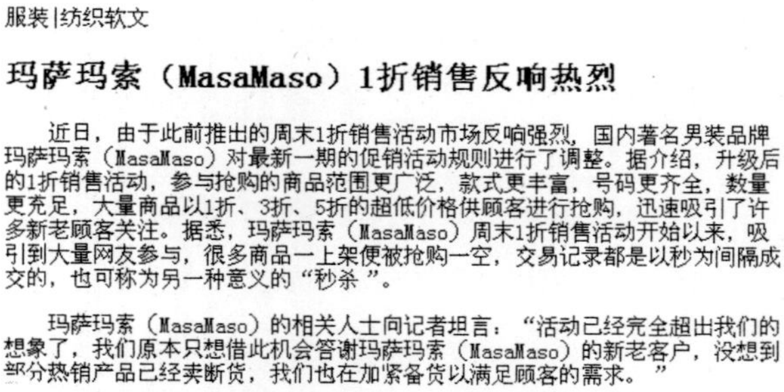

服装|纺织软文

**玛萨玛索（MasaMaso）1折销售反响热烈**

近日，由于此前推出的周末1折销售活动市场反响强烈，国内著名男装品牌玛萨玛索（MasaMaso）对最新一期的促销活动规则进行了调整。据介绍，升级后的1折销售活动，参与抢购的商品范围更广泛，款式更丰富，号码更齐全，数量更充足，大量商品以1折、3折、5折的超低价格供顾客进行抢购，迅速吸引了许多新老顾客关注。据悉，玛萨玛索（MasaMaso）周末1折销售活动开始以来，吸引到大量网友参与，很多商品一上架便被抢购一空，交易记录都是以秒为间隔成交的，也可称为另一种意义的“秒杀”。

玛萨玛索（MasaMaso）的相关人士向记者坦言：“活动已经完全超出我们的想象了，我们原本只想借此机会答谢玛萨玛索（MasaMaso）的新老客户，没想到部分热销产品已经卖断货，我们也在加紧备货以满足顾客的需求。”

图 2-6　网店店主在文章中推荐店址

(3)从搜索引擎优化的角度出发设计的关键词的网页文本。
(4)网页信函，大多数是一个域名或只有一个网页的模式。
(5)以 E-mail 方式投放的销售信函或者海报。
(6)在报纸杂志上的直接介绍或者是相关产品知识的介绍。

**2．公众类软文**

公众类软文就是有助于企业或机构处理好内外公关关系以及向公众传达企业各类信息的软文。例如，有的企业就是通过企业内刊来处理企业与员工之间的关系。一旦企业发生危机，就需要第一时间处理好企业与公众之间的关系。

公众性软文可以分为公关软文与新闻软文。公关软文就是关于企业或机构组织有助于塑造良好组织形象，培养良好公众关系的新近事实的报道。新闻软文是一种以新闻形式发表的广告，是介于新闻和广告之间的一个中间产物，是企业在销售过程中利用或者创造新闻，以求达到宣传企业或产品的特殊广告表现形式，其操作动机主要是追求商业利益。新闻软文的刊登位置不在广告版内，往往占用新闻或专版版面，比广告的可信度高。所以，新闻软文被专家誉为事件营销的"核心"。新闻软文在电视媒体上的形式叫"专题片"，也称"电视软文"。与报纸软文分为新闻性和功效性相对应，电视软文也分"准新闻"片和科普性功效片。

**3．品牌力软文**

品牌力软文指有助于品牌建设，累积品牌资产的软文，为品牌量身订造全网整合营销解决方案。品牌力软文塑造品牌形象，可能由内部撰写也有可能是用户对该产品的使用体验。一般由企业主导，可以自己撰写也可以找人写，撰写的角度多半有利于提升品牌知名度、联想度、美誉度及忠诚度。

在品牌力当中最强大莫过于故事的推广了，可以说故事力决定了品牌力。一个广告的好坏取决于文案的内容，一个品牌的传播自然离不开它核心的品牌价值，而演绎品牌价值的莫过于故事。由故事去传播品牌，传承品牌价值，从而创造传奇品牌。

很多企业在做软文营销时，容易把其简单地理解为软文推广，但其实两者之间有本质的区别。

软文营销主要是在软文操作之前，对行动目标（写软文的目的）进行了仔细调查，调查内部环境、外部环境之后进行了充分讨论，形成策划方案，包括软文谁来写、写什么、写多少字、发布到哪里、怎么去引导二次传播、怎么去监测、怎么去评估、怎么去调整、是否需要进行第二轮软文修正或者进一步推动，这就是软文营销。简言之，有目的、有策划的系列软文操作就是软文营销。

软文推广只是针对某件事情、某个活动、某个品牌、某件产品撰写软文，并选择一定的载体进行发布。

从两者的定义可以看出，软文营销需要花费更大的能力、物力、精力才能达到，同时软文推广只是软文营销的一个步骤，软文项目能否成功，就要看软文营销的执行是否得当。

 **知识链接**

软文营销的发展：

1999—2000 年——第一个软文高潮。各企业开始重视软文和积极模仿，好记星、金龙鱼、王老吉、海尔、格兰仕等都运用了软文营销利器。

2002年进入另一个高潮。专业软文写手和团队开始浮出水面。

2003年开始进入平稳期。随着网络和娱乐文化的兴盛,把软文运用到营销每个环节是中国企业的必由之路。

## 三、软文营销的特点

**案例思考**

### 鲜花订购在网上风生水起

10月28日是小林女友的生日,今年小林没有再像往年一样,走十几里路到邮局寄一份礼物给远方的女友。而是在家里敲击键盘,从网上选购了一款既便宜又漂亮的鲜花。没过3小时,女友的电话就来了,说没想到这么远还能收到鲜花,很漂亮很新鲜,更喜欢那张充满浓情蜜意的贺卡,觉得今年的生日过得特别开心。

据了解,像小林一样在网上订购鲜花已经成为时下很多年轻人士喜爱的送花方式。随着近年来鲜花店纷纷移师网上,各类订花网站如雨后春笋般出现,网上订花人数呈现出逐年递增的趋势。为什么网上订花受热宠?与当地鲜花店相比,网上店铺有何优势?带着这些疑问,记者采访了知名订花网——爱尚鲜花网相关负责人,据该负责人分析,网上订花受欢迎主要是因为有三大优势:便利、实惠、保障!

**思考:**

分析以上案例,软文营销最基本的特点就是广告,那么除此之外还有哪些特点呢?

### (一)软文营销的本质是广告

软文以新闻资讯、评论、管理思想、企业文化等文字形式出现,让大众在潜移默化中受到感染。虽然没有明显的广告目的,从侧面将要宣传的信息嵌入文字,进行渗透性传播,但其本质是商业广告。

### (二)软文营销的目的是引起客户关注

软文营销利用新闻资讯,管理思想,企业文化,技术、技巧文档,评论,包含文字元素的游戏等一切文字资源,使网络媒体的各个角落都充斥着商业性文章,读者很难分辨出是新闻还是软文,这就是软文的最大价值。

### (三)软文营销的关键是赢取客户信任

软文营销的关键是赢取客户信任,我们把东西卖给亲朋好友总比卖给陌生人来得容易,原因就在于对方相信我们。而软文营销就是有通过一篇篇文章的输出来制造信任的功能,当消费者脑子里相信某样产品的时候,需求产生之时便是买卖成交之日。

### (四)软文营销的重点是口碑传播

口碑是消费者之间有关产品或服务的属性、使用经验等的口头上的、非正式的、关于产品或服务的交流。口碑传播是指企业在品牌建立过程中,通过客户间的相互交流将自己的产品信息或者品牌传播开来。口碑传播其中一个最重要的特征就是可信度高,因为在一般情况下,口碑传播都发生在朋友、亲戚、同事、同学、企业和用户互动等群体之间,在口碑传播过程之前,他们之间已经建立了一种长期稳定的关系。相对于纯粹的广告、促销、公关、商家推荐、家装公司推荐等而言,口碑传播可信度要更高。

**经验分享**

"脑白金"之所以获得了巨大的成功,很重要的一个原因是其所有软文都抓住了人类最本质的一个需求。所以当人们看到媒体大肆报道一种叫作"脑白金"的物质可以帮助人们延年益寿时,很多人就坐不住了。脑白金系列的软文广告都是比较经典的,文章系列有《美国人睡得香,中国人咋办》《人体内有只"钟"》《夏天贪睡的张学良》《宇航员如何睡觉》《人不睡觉只能活五天》《女子四十,是花还是豆腐渣》《一天不大便=吸三包烟》等。

## 四、软文营销的优势

**案例思考**

"一天晚上,我在无聊地玩手机,猫跑了过来,我突发奇想,可不可以用猫的指纹设置手机密码呢?因为我的手机可以设置刷指纹解锁,而且设置不同的指纹能进入不同的界面,如用食指点一下,手机解锁后进入 A 界面;如用中指点一下,手机解锁后进入 B 界面,可以防止孩子玩坏手机。那如果用猫的指纹来设置行不行呢?为了验证我的想法,于是我就……事实证明是可以的。把猫爪子放上去 1 秒就能解锁了……"

这是微博上的一篇热门长微博——《千万不要用猫设置手机解锁密码》,实则是华为手机的一则软文广告。文章讲述主人公用猫设置手机解锁密码后遇到的一系列囧事,十分有趣,具有可读性,同时介绍了该手机的"刷指纹解锁、保密性高、手机续航能力强"等功能。

**思考:**
这个案例的成功之处在哪里呢?软文营销有什么优势呢?

随着互联网的发展,网络推广的方式越来越多样化,最基本最广泛的还属软文推广。软文推广能迅速、低成本地提高企业和产品的形象,提升企业和产品的知名度和公信力,既节约会计成本又节省时间成本,其优势主要体现在以下五个方面:

### (一)软文营销能适应当前网络信息发展时代

随着网络信息高速发展,软文营销也在不断革新,并且能够适应当前网络信息发展的时代。

借助网络平台,软文营销广泛运用于专业论坛、新闻网和博客等,并取得理想的营销效果。专业论坛能聚集大量某一行业或类别的消费群体,论坛以巧妙的文字信息交流获得读者群,以此展开软文营销具有很强的针对性。同时,软文能巧妙而合理地进入新闻网,相比硬邦邦的广告和企业新闻,这样的软文润物无声,读者更容易接纳。

## (二)软化人心的优势

各种媒体抢占眼球竞争激烈,人们对电视、报纸的硬广告关注度下降,广告的实际效果不再明显。软文则是生命力最强的一种广告形式,也是很有技巧性的广告形式。其精妙之处在于一个"软"字,好似绵里藏针,收而不露,克敌于无形。等到你发现这是一篇软文的时候,你已经冷不丁地掉入了被精心设计过的"软文广告"陷阱。它追求的是一种春风化雨、润物无声的传播效果。

## (三)价格优势

媒体对软文的收费比硬广告要低得多,所以在资金不是很雄厚的情况下,软文的投入产出比较科学合理。据悉,2013年《中国好声音》第二季"巅峰之夜"一条15秒的广告卖了380万元,央视一套广告费每秒动辄上万元,黄金时段广告费每秒超过10万元也是很正常的事情。平面媒体和户外媒体的广告费也让很多中小企业望尘莫及。而软文除了主流平面媒体和网络媒体需要付费之外,还有很多免费的平台。如果调研、策划、创意、撰写都到位,很有可能用免费的方式获得硬广告付费都达不到的效果。所以企业从各个角度出发都愿意以软文试水,以便使市场快速启动。

## (四)持久性,并有可能实现二次或多次传播

平面媒体软文,除了当期能与受众见面之外,也可以从图书馆或者数据库中查找到。如今很多平面媒体也有了网络版,从网络上也能检索到。网络软文更不用说了,只要服务器不关,只要互联网不消失,将永远存在。新闻类的软文,容易让受众信任;故事性的软文,容易让受众记住;科普性的软文,让受众觉得有收获。对于软文来讲,如果确实能给受众带来价值,哪怕是一句话、一个观点对受众有启发、有帮助,受众都愿意接受并且极有可能帮助你传播。

## (五)软文操作更灵活

硬广告不仅在目标受众方面受限制,而且在时段、版面、刊期等方面也有一定的限制,操作性不强。而软文除了在平面媒体受刊期、版面篇幅所限之外,其针对性更强,从标题、内容上都可以精准地针对受众,特别是网络软文可以不限篇幅,可以插入图片,可以插入超链接,可以设置百度检索的"关键词",搜索结果更为精准。

总之,软文营销追求的是一种软性广告效果。目前电视广告泛滥,消费者对广告产生厌恶情绪,而营销文章能达到一种春风化雨、润物无声的境界,通过知识性、趣味性、创新性、可读性来吸引读者,达到不销而销的效果。当前网络传播范围广,只要文章写得好,写得软,写得妙,一定会为你带来意想不到的惊喜效果。软文营销附带着商业气息已经渗入整个网络并发挥着巨大的影响力,目前正是软文营销时代。

 **经典案例**

清朝时,有个秀才因生活困难又找不到糊口的生计,秀才娘子就在家泡豆芽菜,秀才就在家门口摆摊卖豆芽菜过日子。但生意一直不好,秀才很无奈。秀才娘子就启发秀才说:书中自有颜如玉,书中自有黄金屋。你应该利用你饱读的诗书文章,为咱家的生意带来一些转机。秀才闻听此言,如梦方醒,略加思考,就写了一副怪联:

长长长长长长长,长长长长长长长。

上下联一共用了十四个"长"字。找人裱好,挂在摊边,并写明以文会友,猜出联意者,请豆芽菜伴酒一顿。这是在说什么呀?人们挺新奇,都围过来看热闹,有人还在那里瞎猜。看热闹的人就越来越多。等有人猜出来时就大声念,大伙全明白了。原来对联的意思是:

长(zhǎng)长(cháng)长(zhǎng)长(cháng)长(zhǎng)长(zhǎng)长(cháng)
长(cháng)长(zhǎng)长(cháng)长(zhǎng)长(cháng)长(cháng)长(zhǎng)

原来秀才的对联是在说豆芽菜,是盼望着豆芽菜赶紧往长(cháng)里长(zhǎng)。大伙一听全笑了。就争着买秀才的豆芽菜,工夫不大,豆芽菜就卖光了。

从这天起,秀才的怪联就整天挂在那里,引得好多人来看,他的生意也越来越好。从此,秀才的有趣怪联被人们传得远近闻名,有些大的店铺开张、庆贺都车马相请,让他去写贺联,以求生意兴隆。笔酬当然是很丰厚的了。

 **知识链接**

未来软文的发展方向——"潜藏式广告",就是把软文的功夫运用到营销每个环节,类似"大腕"和"天下无贼"式的软性营销;生活化软文,让人在关注生活细节的同时不知不觉中走进软文的温柔陷阱。

## 本 章 小 结

本章通过对软文营销的定义、分类、特点、优势进行分析,让读者对软文营销具有初步的认识和了解。软文营销相对于硬性广告来说是生命力较强的一种广告形式,也是很有技巧性的广告形式,是由企业的市场策划人员或广告公司的文案人员来负责撰写的"文字广告"。软文营销文字可以不要华丽,可以无须震撼,但一定要推心置腹说家常话,因为最能打动人心的还是家常话,绵绵道来,一字一句都是为消费者的利益着想。

## 本 章 习 题

1. 软文营销的概念是什么?软文营销分为几类?

2. 软文营销的特点有哪些？
3. 软文营销有优势？

# 知识拓展

## 一、软文营销与事件营销

### （一）事件营销的定义

事件营销是企业通过策划、组织和利用具有名人效应、新闻价值以及社会影响的人物或事件，引起媒体、社会团体和消费者的兴趣与关注，以求提高企业或产品的知名度、美誉度，树立良好品牌形象，并最终促成产品或服务销售目的的手段和方式。

### （二）软文营销与事件营销的关系

**1. 以热点事件画龙点睛，软文标题新颖独特**

一篇好的软文能不能让大家疯狂地转载，关键在于软文的标题是否吸引人，是否有让用户读下去的动力，所以写好软文的标题至关重要。将热门事件和软文标题融洽地结合到一起，既能让自己的品牌获得关注，又能让读者产生好奇心读下去。

**2. 发现和总结热点事件背后的问题**

在写热点软文的时候，对于热点事件一定要发现和总结，发表自己持有的观点，引起读者的关注和讨论，指向营销对象，这样才能够起到推广的作用。

**3. SEO优化（搜索引擎优化）也是软文营销的必要步骤**

通过合理的逻辑推理，让热点事件有效地和软文关键词产生联系，在文章的开头和结尾加上合理的关键词，SEO优化就会产生营销推广的效果。

## 二、软文营销与口碑营销

### （一）口碑营销的定义

口碑营销是指企业在前期调查市场有需求的情况下，为消费者提供需要的产品和服务，同时制定口碑推广计划和实施方案，让消费者自动传播公司产品和服务的良好评价，从而让人们了解产品，树立品牌形象，加强市场认知度，最终达到企业销售产品和提供服务的目的。

### （二）软文营销与口碑营销的关系

软文营销与口碑营销的关系主要体现在软文传播上。软文的最高境界是以价值传播为基础的"三赢"，即读者、媒体、客户三方获益，而不仅仅是文章见诸媒体的简单诉求，或者一味"塑口碑"的自我标榜。实现真正的三赢是一个极具挑战性的工作，营销策划执行机构需要具有专业的策划、包装和组织能力，将客户目标需求与读者的关注点、媒体的价值需求恰当、有机地融合。广告传播只有在口碑营销和软文营销相结合，并在产品扎实、服务过硬的基础上自然表现，才有可能拨动受众心底的那根琴弦。

### 三、软文营销与新闻营销

#### （一）新闻营销的定义

新闻营销指企业在真实、不损害公众利益的前提下，利用具有新闻价值的事件，或者有计划的策划、组织各种形式的活动，借此制造"新闻热点"来吸引媒体和社会公众的注意与兴趣，以达到提高社会知名度、塑造企业良好形象并最终促进产品或服务销售的目的，具有目的性、传播性、炒作性等特点。

#### （二）软文营销和新闻营销的关系

**1. 费用方面**

软文的发布一般由媒体广告部门负责，并依字数卖出版面供企业刊登。而企业新闻稿通常是指企业新产品新服务推出、战略合作、经营业绩、获得奖项认证等具有一定新闻价值的企业相关信息，由编辑依据稿件质量主动发布。因此，软文发布往往比新闻稿发布的费用高很多。

**2. 信服力方面**

新闻营销与软文营销的关系主要体现在新闻标题更能吸引读者的眼光，新闻内容也更容易使人信服，软文通过媒体的加工成为具有信服力的新闻报道，能够使读者更为信服。

### 四、软文营销与饥饿营销

#### （一）新闻营销的定义

饥饿营销是指商品提供者有意激发消费者强烈的购买欲望而不给予满足或者将满足的时机拖延滞后，以期达到调控供求关系、制造供不应求"假象"，进而达到维护产品形象并维持商品较高售价和利润率的营销手段，适用于商品或服务的商业推广。饥饿营销需具备三个条件：优质的产品、知名的品牌、强化消费者的欲望。

#### （二）软文营销和饥饿营销的关系

**1. 宣传方面**

饥饿营销想要成功，产品上市之前就要运用报纸、杂志、网络等媒体进行宣传，制造出一些能够吸引消费者购买欲望的"卖点"，把消费者的胃口吊起来。

**2. 销售方面**

当产品推出市场后，消费者前往购买时，却出现由于购买者"过多"，而出现"缺货"现象。这个时候，企业若采取相应的促销手段，往往会获得巨大利润，如房地产行业的"抢购""清盘"等。

# 第三章
# 搜索秘诀——软文关键词

## 一、关键词的定义

> **案例思考**
>
> **小明买衣服**
>
> 临近过年,小明想买件新衣服,但因工作繁忙,一直也没有时间去买。这天小明在上网浏览网页,突然灵机一动,想到现在网络这么发达,网购十分方便,为何不直接在网上买呢?于是他在搜索引擎里输入"2015年冬最新款休闲西服男装"这几个字,去找他所需要的衣服,并成功购买。那么他输入的"2015年冬最新款休闲西服男装"这里面就包含了软文的各类关键词。
>
> **思考:**
> 分析以上案例,你认为什么是软文的关键词?

软文推广作为网络推广的一种策略,一直都具有举足轻重的作用,因此一篇高质量的软文能为企业收获良好的营销效果,创造较大的经济效益。软文就好比是陈年老酒,时间越久,便越能散发出它的醇香。软文中的关键词,则起到精神支柱般的影响力,这也使得关键词在软文中的作用至关重要。

关键词到底是什么呢?它源自于英文"keywords",是指在搜索引擎输入的词汇,可以是一个词语或者是几个词语。关键词搜索是网络搜索索引主要方法之一,利用关键词可以命令搜索引擎寻找任何内容。

关键词的内容可以是人名、产品、企业、服务、网站等,也可以是任何中文、英文、数字,或中文英文数字的混合体,关键词可以输入一个,也可以输入两个、三个、四个,甚至可以输入一句话,如图3-1所示。

# 第三章 搜索秘诀——软文关键词

图 3-1 关键词

## 二、关键词的分类

一般来说，关键词主要包括以下七类。

### （一）核心关键词

所谓核心关键词，就是最简单的网站主题词语，也是搜索量最高的词语。如：某网店是卖女装服饰的，那么它的关键词"女装"就是核心关键词；某网站是一个 SEO 服务型网站，那么该网站的核心关键词就是"SEO"。此外，核心关键词可以是产品、企业、服务、行业等名称或是这个名称的一些属性、特色的词汇，如"某某网络营销公司""某某网络营销网站"，如图 3-2 所示。

图 3-2 核心关键词

### （二）相关关键词

相关关键词，也可以称为扩展关键词或辅助关键词，通俗地讲就是对核心关键词的补充，是与核心关键词相关的近义词、解释、名称、术语等。相关关键词的数量可以是无数个，主要是通过相关关键词对核心关键词进行补充优化,从而起到吸引用户的作用。淘宝店主选择相关关键词的过程中可以不考虑是否能促成消费,只要与核心关键词相关,都可罗列。

相关关键词可以是词语,也可以是短语。从用户搜索习惯可以了解到用户喜欢用"什么是×××"搜索短语。如:核心关键词是"软文",那么"什么是软文""软文是什么"等都是相关关键词;核心关键词是"网络营销",那么"什么是网络营销"或"网络营销是什么"是相关关键词,如图3-3所示。

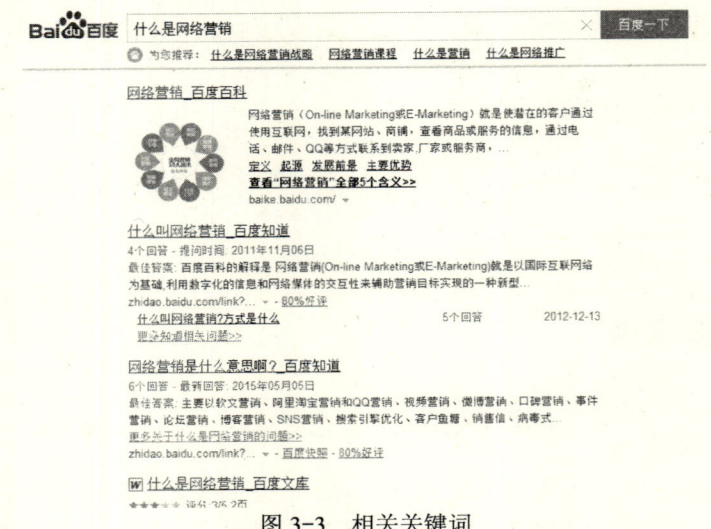

图3-3　相关关键词

### (三) 长尾关键词

长尾关键词就是意思更为具体的词语或短语,是对于相关关键词的一个扩展,长尾关键词一般都是一个短句。长尾关键词的特点就是比较长,可能由2~3个词语组成,甚至可能是短语,存在于搜索内容页的标题中、内容中。如"网络营销课程培训"是由4个词语组成,如图3-4所示。

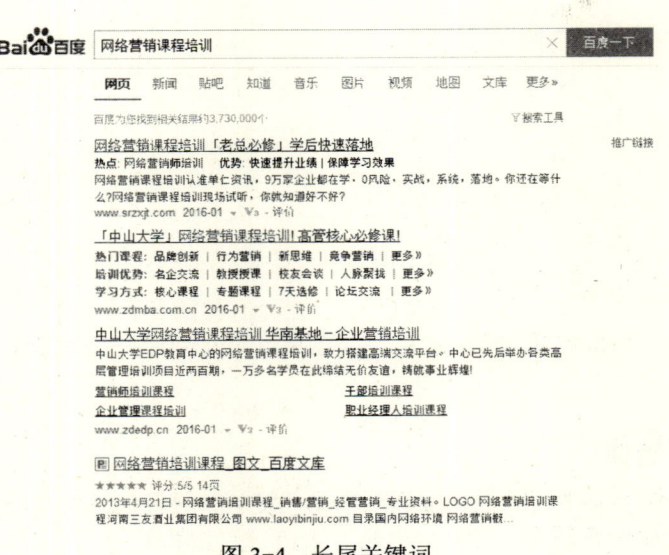

图3-4　长尾关键词

通过百度下拉框的提示也能获得一些长尾关键词，但因为下拉框是单体搜索，扩展量较小，不适于大批量的长尾关键词拓展，如图3-5所示。

图3-5　百度下拉框搜索

### （四）错拼关键词

错拼关键词就是拼错了但是与它有一点联系也会被显示出来。如要搜索一个人名但是不知道他名字的具体字怎么写，无意中打错了一个字，那么百度会给你提示"您要找的是不是×××"。

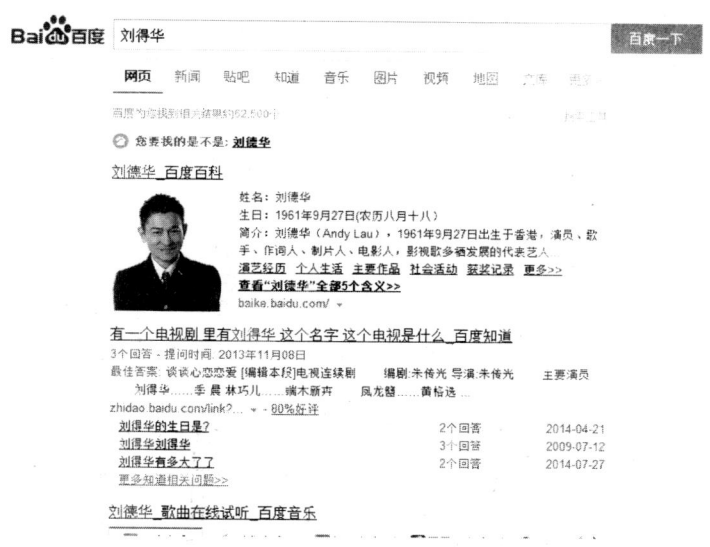

图3-6　错拼关键词

### （五）泛关键词

泛关键词就是包含的信息比较广泛比较详细的关键词。以服装为例，"2015年秋季欧美最新款针织衫"，如图3-7所示。

### （六）盈利式关键词

盈利式关键词，如直销类、促销类商品。还是以服装为例，"2015年女装最低价出售"，如图3-8所示。

### （七）借力关键词

借力关键词，顾名思义就是借用某些品牌或热门关键词。如一些运动服饰，可以借助奥运会等来推广，如图3-9所示。

图 3-7　泛关键词

图 3-8　盈利式关键词

图 3-9　借力关键词

## 三、关键词的选择

**案例思考**

"关键词搜索"是网络搜索索引主要方式,选对关键词能够提高软文的曝光率和转载率。小明是一家服装店的老板,他在网络平台上开了一家网店,通过网络推广等方式进行推广宣传,但经过一段时间的宣传,效果并不怎么理想,网店几乎没什么流量,衣服却越积越多。他百思不得其解,为何别人就能做得这么好,他就不行。最后他专门去请教了一些做网络营销的人,通过排除法发现原来是关键词搞错了,他是女装品牌专卖,但因没什么经验,直接就选择了一个词"服装"作为关键词,所以造成这样的结果。以此可见,关键词的选择设置是很重要的。

**思考:**

关键词应该怎么来选择呢?

关键词是软文的灵魂,关键词设置的重要性在于:能否让用户在第一时间内利用搜索引擎搜索到你的软文,或从更多不同角度、以更高的概率找到您的软文(包含产品与服务的推介信息)。关键词的设置应该从多角度全面体现所推广公司产品或服务的特性。因此,关键词是对软文起到画龙点睛的作用,还是起到反作用,取决于选择好关键词。要如何选择关键词才能更好地发挥作用呢?

### (一)选择关键词的原则

#### 1. 从用户角度考虑

关键词的选择也是一样,首先要从用户的思维去思考、选词,注意积累用户的搜索习惯。

做网站的最主要目的就是吸引用户,提高网站流量,所以在选择设置关键词时需要考虑用户的搜索情况。在选择关键词的时候,可以多列举出几个可以作为核心关键词,然后换位思考,从用户的搜索习惯、浏览习惯以及阅读习惯等出发去选词,以保证关键词设置更加接近用户。

#### 2. 从对手角度考虑

知己知彼方能百战不殆。仅仅只是了解用户还不够,还需要了解同行及竞争对手网站的关键词及布局,这样才能掌握关键词的竞争热度。通过对比分析做出优化。

### (二)选择关键词的途径

软文撰写者在充分了解用户需求和竞争对手的长处之后,就可以来选择软文的关键词了。那应该怎么来选择关键词呢?下面介绍通过百度搜索选择关键词的途径。

#### 1. 百度知道

了解用户所需,通过用户的搜索行为从而更好地把握软文的内容,以便能更容易确定软文的关键词。可以通过"百度知道"寻找答案。

## 2. 百度下拉框

当在百度搜索框中键入某个词组时，下拉列表中会出现不少提示，如要分析用户寻找与"网络营销"相关产品服务的搜索习惯，可以在百度搜索栏输入"网络营销"，如图 3-10 所示，百度下拉框会显示与"网络营销"相关的搜索语句。从百度下拉框中能简单看出用户常用的搜索行为。

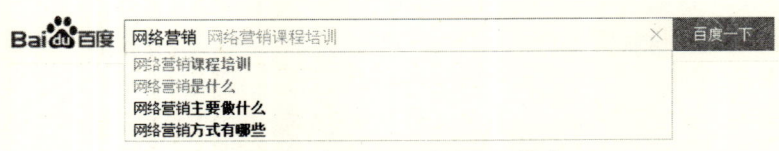

图 3-10　对网络营销的相关搜索

## 3. 百度相关搜索

在百度搜索引擎最下面有"相关搜索"这一栏，"相关搜索"体现了百度对用户体验的注重。可以根据相关搜索来决定软文的关键词。还是以"网络营销"为例，如图 3-11 所示。

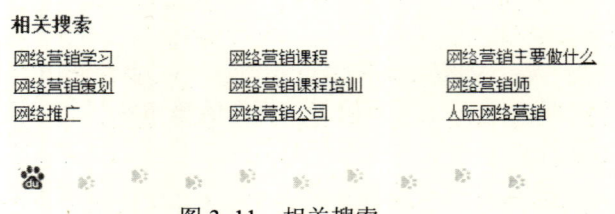

图 3-11　相关搜索

## 4. 关键词挖掘工具

百度搜索能找到很多相关的关键词挖掘工具，特别是有一些免费提供查询的站长类网站，如图 3-12、图 3-13 所示。

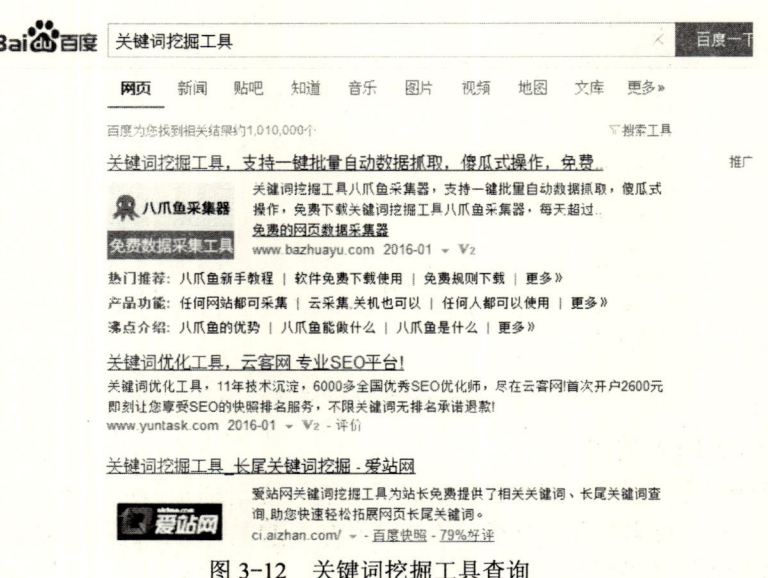

图 3-12　关键词挖掘工具查询

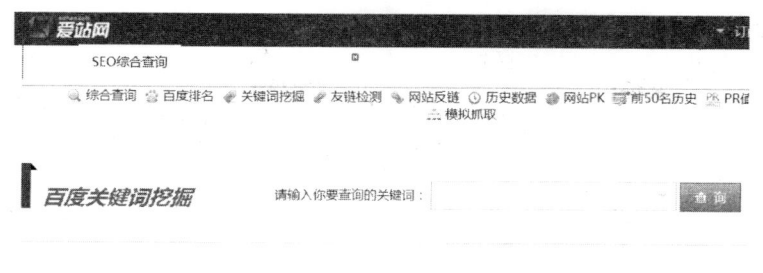

图 3-13 站长工具

### (三) 关键词拓展

关键词的拓展有很多种方法,主要有以下两种。

#### 1. 对核心关键词进行发散

可根据核心词的别称、简称、俗语、别字、缩写等扩展关键词。可以选择关键词的同义词或近义词。如:减肥和瘦身。可以是关键词的简称或扩写,如:农行和农业银行;北京大学和北大。可以是关键词的相关词,如:健身和瑜伽。

还可以加长词汇。如:关键词是产品或服务,那么可以这样加长:地域+产品+服务、公司+产品+功能或者产品+功能、属性特征等;产品是皮鞋,可以写女皮鞋、牛皮皮鞋等。

#### 2. 使用关键词工具

使用百度指数拓展关键词,如图 3-14 所示。当通过百度指数查询一个关键词时就会列出十几个相关的关键词,再用其中一个相关关键词搜索,又可以得到几十个相关的关键词。

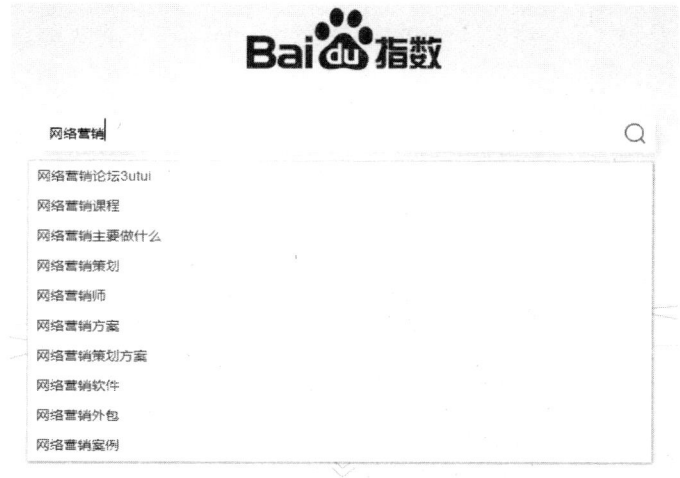

图 3-14 百度指数

### (四) 慎选通用关键词

要注意慎选通用关键词,因为过多的通用关键词会造成竞争热度增大,从而使得软文页很难排到首页。尽可能多使用一些带有产品特色的关键词。在把握不足或没有足够竞价费用的情况下要慎选通用关键词。

## 四、软文中植入关键词的技巧

**案例思考**

最近公司新出了一种产品，公司营销总监叮嘱小明尽快根据产品特性撰写软文进行宣传推广，小明很快就写出了一篇软文，并发布到公司网站以及其他的一些广告网站去进行宣传推广。一段时间过去了，营销总监进行了一次调查发现，推广的效果并不好，甚至有些不堪入目，"这是怎么回事呢？"营销总监想。于是他叫来小明，并让小明把他发布的软文也一并带过来看看，结果一看，顿时知道了问题所在。原来问题都出在小明写的这篇软文里，这篇软文零零总总不到两百字，而且也没有提到与新产品相关的关键词，整篇文章根本就起不到营销推广的作用。营销总监责令小明撤销原先发布的软文并重新再写一篇软文。

思考：
关键词要怎么植入软文？

软文应如何来写，怎么在软文中植入关键词，关键词应怎样来布局才能起到良好的推广作用呢？

### （一）植入关键词的原则

**1. 不要太密**

一般来说，软文关键词的植入密度应是占比3%～7%。如果必须要多植入，可以对关键词进行拓展，如用长尾关键词拓展，但切记不要有重复。如"网络营销"可以拓展为"网络营销课程培训"或者"网络营销公司""网络营销软件"等。

**2. 高热度、低竞争度**

虽然经常被搜索的关键词才是最有价值的关键词，但这样的词一般竞争度也较高，在这里建议软文关键词尽可能选择百度指数高而竞争度较低的关键词。尽管在实践中不太容易找到，但是一旦能发现这样的词，那么软文效果就会事半功倍，通过站长工具等对关键词进行详细对比分析，或许还会有更大的收获。

**3. 文章描述要表现软文的中心思想**

软文内容必须与软文标题的关键词密切相关，因为软文的灵魂就是关键词，软文的内容就是为关键词做铺垫的，而且搜索引擎会抓取与标题关键词相关的内容作为描述。千万不能随意嵌入关键词而导致文不达意。如果欺骗了搜索引擎，搜索引擎也会给予惩罚。

### （二）关键词植入的位置

**1. 软文标题一定要植入关键词**

因为用户接触软文首先看到的是文章的标题，所以标题里植入关键词是非常重要的，只有在显眼的位置多次曝光关键词，才能使用户在第一时间看到关键词，加深印象，即使接下来用户因其他事或不感兴趣而无法继续阅读软文，也会记住关键词。

2．在软文的第一段可以植入关键词

第一段和标题一样，对于搜索引擎来说，抓取的作用最大、效果最好。所以可以在软文的第一段适度植入关键词。

3．软文关键词要进行拓展

在软文的正文中，关键词要积极拓展。在拓展时，可以根据关键词的分类自然嵌入，不能随意地放进软文中。需要注意的是，关键词在植入时一定要自然通顺、简洁流畅，切忌太过冗长，引起适得其反的效果。如果担心关键词在正文中植入会对用户阅读造成影响，可以将关键词集中在头尾部分。

4．看发布网站的权限

如果网站编辑允许，可以将软文标题或软文中的关键词更改字体、颜色，加粗，加下划线，倾斜等，使得关键词更加凸显，这样对于搜索引擎的收录更加有利，也更能吸引用户注意力，增强用户印象。

（三）关键词布局技巧

好的软文就如同一盘精妙的棋局，步步为营，而软文的关键词就好比是一枚克敌制胜的关键棋子，只要下错了这枚棋子，便会使棋局满盘皆输，所以关键词一旦布局得不好，那这篇软文就成了一篇废文，没有任何的意义。可以这么说，"得关键词得天下"。那怎么在软文中更好地布局关键词呢？可以通过下面几种技巧来布局软文关键词。

1．心得体会法

这是软文创作中最常用的一种技巧。通过一些体验或感受作为切入点，利用大众的同感来寻找彼此心灵上的共同融合点。例如，在面向 80 后人群的软文中，针对他们已经为人父母，在教育孩子的问题上都有心得体会的特点，自然地引出这些心得体会，顺理成章地嵌入关键词，引起共鸣，在共同的体验和感受中再自然过渡到相应的关键词上，以达到软文的营销推广效果。

2．比较嵌入法

无论是什么样的网站或者什么样的产品，都不可能是独一无二的，因此在撰写软文时可以用比较法，以用户的口吻把这些类似的门户网站或产品进行比较，分析优、缺点，然后再把文章的重点潜移默化地转移到自己的网站或产品上，加深大家对网站或产品的印象，从而产生到网站上浏览或购买产品的欲望。

3．散文、故事法

这类软文需要软文高手来撰写，不然会很容易写偏题。过分注重故事讲述容易忽略软文关键词的诱导。如在写软文时，想通过一个故事来体现自己的产品或服务的优点，但写着写着就把大家的目光都集中到了故事主角的命运中，这样就是一篇失败的软文。好的散文、故事型软文应该紧紧围绕关键词本身来撰写，撰写故事的主要目的就是为关键词做铺垫。

4．日记心情记录法

这种方法有些像心得体会法，适合针对女性读者，主要是利用女性喜欢交流各种心得的特点模仿撰写一些相关的心情类文章、日记等。

软文是网络推广的重要方式之一，在软文中植入关键词首先要了解关键词，遵循关键词植入的原则，并对关键词进行分析，策划关键词植入时机，把握关键词在软文中出现的频率，运用关键词布局技巧进行植入。切记植入关键词时语句要自然通顺、简洁流畅，切忌太过冗长，适得其反。

## 本 章 小 结

关键词是软文表达主题内容的重要部分，是网络搜索主要方法之一，由此可见关键词的重要性。通过本章学习并掌握关键词的定义、分类、选择及植入技巧，学会巧妙设置关键词，从而提高软文的曝光率和转化率。

## 本 章 习 题

1．什么是关键词？
2．关键词分为哪几种？
3．如何选择关键词？
4．软文植入关键词的原则有哪些？
5．关键词布局的技巧有哪些？

# 第四章 如何撰写软文标题

## 一、软文标题的作用

**案例思考**

一家家教中心网站为宣传自己的家教业务而做的广告标题：

你曾说："我请"，现在你会说："我庆幸请了它。"

当读者看到此广告标题时，不禁会问："他请了什么？"因而会进一步阅读下面的广告内容。软文的标题是这篇软文是否成功的基础，如图4-1所示。

你曾说："我请"，现在你会说："我庆幸请了它。"

来源：佛山家教100中心 日期：2010-7-11 19:09:53

图4-1 家教网标题

**思考：**
标题在软文中具体有哪些作用？

标题是软文的题目，它表明一篇软文的主旨，也是区分不同软文内容的标志。俗话说"题好一半文"。一个好的标题往往起到画龙点睛的作用，抓住文章的要点，既能吸引读者眼球，也能获得搜索引擎的青睐。因此，标题起得好不好，往往影响着软文是不是吸引人，是不是可以被人们记住，是不是可以广为流传。具体来说，标题在软文中主要起到四大作用。

### （一）引起注意

正所谓"看书看皮，看报看题。"在一般情况下，人们接触软文作品，视线常常只扫描到标题。这就说明，标题最能引起消费者注意。如果标题引不起消费者的兴趣，那么他们往往会放弃阅读或产生不了继续阅读的欲望，这就会导致软文传播的失败。而标题精彩有趣，则能抓住消费者的注意力，吸引消费者继续阅读的兴趣，最后导致购买行为。例如，一种有效的引人注意的方法是给消费者提供新的资讯。这样的标题通常会使用诸如"新、发现、介绍、宣告、现在、在这里、终于和刚到埠"等词汇，如图4-2所示。

## 软文营销攻略

**好产品在这里 2014明星橱柜盘点**

http://www.chinachugui.com/　2014-12-23　中华橱柜网【原创】

浏览次数：8246次　网友评论：0条　橱柜论坛

图 4-2　中华橱柜产品介绍

如果能合理使用"免费"这样的字眼，适当运用于软文标题中，那么软文营销的效果会更好。这是软文营销文案的词汇表中一个非常有力量的词语，没有人不喜欢免费获得东西。

还有一些有效的引人注意的词语，包括"如何、为什么、减价、快、容易、成交、最后机会、保证、效果、证明和省"。不要因为其他软文经常使用它们而刻意避免用这些词汇，其他软文这样用是因为它们有效。

### 经验分享

据心理学家研究，人们对某一对象的注意，最能维持注意状态的平均时间是 5 秒，而头一两秒是注意力最强的时候。另据调查，一般人看广告，先看标题的人比先读正文的人多 5 倍。由此可见，标题如果不醒目，就不能引人注意，更谈不上维持注意和有兴趣阅读正文了。

标题要表现出商品的利益消费点，且能给予消费者利益承诺。如"35 岁以上的妇女如何才能显得更年轻"（某荷尔蒙霜广告标题），如"我们已突破了世界语言的障碍"（荷兰电信广告标题），表现了消费者对商品的消费期待和商品消费利益点，对应了消费者的消费心态，体现了商品满足消费的有效性。在标题中表现商品能给予消费者利益承诺，可以使广告抓住消费者的消费渴望，诱使他们产生浓厚的兴趣，使目标消费者对广告中的信息产生了解的渴望，自觉继续阅读下文。

### （二）选择受众

标题能够为你的软文选择正确的受众群，筛选掉那些非潜在顾客，利用标题对消费者中的潜在受众人群招呼示意。例如，希望该软文让青少年来关注，那么标题中应该出现"青少年"等字样，如图 4-3 所示。

图 4-3　中国移动面向年轻群体，吸引新入学学生标题形式

### （三）传递一个完整的讯息

广告业名人大卫·奥格威说过，五个消费者中有四个会读标题并且忽略掉广告剩下的部

分（尤其是内文）。这意味着你要在标题中做一个完整的陈述。只有这样，广告才能对那些占 4/5 比例只读标题的消费者进行营销。

 **经典案例**

捷达轿车刊登在杂志上的广告牌标题：

捷达前卫，敏若羚羊

此标题提示广告牌正文的 3 个主要内容：①此广告牌是汽车的广告牌；②车的型号是捷达系列中的前卫型；③此款车型的突出特性是捷敏。

客户读了这则标题，即使不去阅读正文，也能了解到该软文正文的主要内容。因此，软文标题首先要以简练、概括的语言提示主要信息，表明软文的主题，使消费者能见题而知文意，如图 4-4 所示。

图 4-4　捷达轿车

**经验分享**

广告业名人，曾任奥美公司董事长的大卫·奥格威建议将销售承诺和品牌名包括在标题中。很多标题都没有包括产品名，但是如果你的大多数目标对象是不读内文的那些人的话（很多年轻人就不太有耐心），那就把它放进去。

### （四）推动消费者阅读内文

虽然很多人只读标题，不读正文，但是如果标题传播的信息正是他所关心的事物或标题引起了他的兴趣和好奇心，他就会继续阅读软文正文。可见，软文的多数劝导作用是从标题开始的，只有通过标题的力量才能使消费者接着看正文，而消费者也是通过软文标题与视觉形象的互相核对，对软文主题进行理解的。所以，优秀的软文标题能够紧紧抓住受众的心灵，让受众产生一种欲罢不能、非要看个水落石出的冲动，于是消费者自觉或不自觉地就接受了软文所要向消费者诉求的内容。

有一些产品类别，如酒、软饮料、时尚产品等，能够通过一些有吸引力的图片和一句强有力的标题和很少的内文（甚至没有）来销售。但是很多产品，如汽车、计算机、书籍、电话等，需要提供给读者更多的信息，这些信息出现在内文中。为了让软文营销更有效果，标题必须推动消费者去读内文。

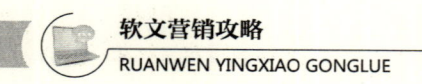

要推动消费者进入内文，就必须激起他们的好奇心。可以使用幽默或者引起兴趣或者神秘感来办到；可以通过激将法或者提问引起悬念；也可以承诺一个回报、新的资讯或者有用的信息。

## 案例分析

有一则报刊软文的标题是：给你的简历洗澡。"洗澡"本是对有生命体而言的，而且也是不便公开的事情。此则标题运用拟人的手法吸引消费者，让人产生两点疑问：①简历怎么能洗澡呢？②给简历洗澡又是以怎样的方式？为了弄清楚这两个问题，消费者会迫不及待地阅读广告的正文部分。

此软文标题使得该软文从众多的软文中脱颖而出，吸引消费者的目光，使他们继续阅读正文。因此，软文标题的第四个作用就是熟悉与把握消费者的心理特点，以不同的语言技巧去吸引他们，推动他们去阅读正文。

## 二、软文标题的常见类型

**案例思考**

据了解，乐视等互联网公司推出智能电视新品后受到市场热捧，尤其是乐视超级电视 S50，在 9 分 19 秒内售出 3.1 万台，创造了行业瞬时销售记录，也标志着电视行业进入全新的历史转折点，互联网公司做电视受热捧已成为不争的事实。此时，TV 端内容和广告模式也在发生重大改变。如此热销的产品，他们所做出的软文宣传标题是怎么样的呢？如图 4-5 所示。

**乐视超级电视**

我不是一台电视
而是一套完整的大屏互联网生态系统

图 4-5 乐视超级电视机广告标题

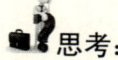思考：

试分析上述软文标题是属于什么类型的标题？软文标题可分为哪些类型？

一般来讲，软文标题可分为如下 10 类。

### （一）新闻报道式标题

利用人们对新闻的注意及阅读新闻的习惯，软文标题可以采用新闻标题的撰制法，即向受众提供最新事实。虽然说软文的标题不一定像新闻那样提供最新发生的事实，但它所提供的事实应该是新鲜的，大家有兴趣想了解的。

新闻报道式标题多用于介绍新产品、企业新措施等。新闻报道式软文标题必须具备新闻新颖、快捷、第一时间报道的特征，用新闻报道的方式向消费者发布新商品或劳务信息。

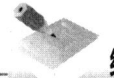

**经典案例**

云南白药牙膏新闻报道式软文标题，如图 4-6 所示。

中国第一支口腔全能保健牙膏诞生
云南白药牙膏里的国家机密
日本人不敢奢望的配方
神奇的不仅是配方，还有效果
云南白药牙膏：靠保密配方打天下？
引发"刷牙恐惧症"

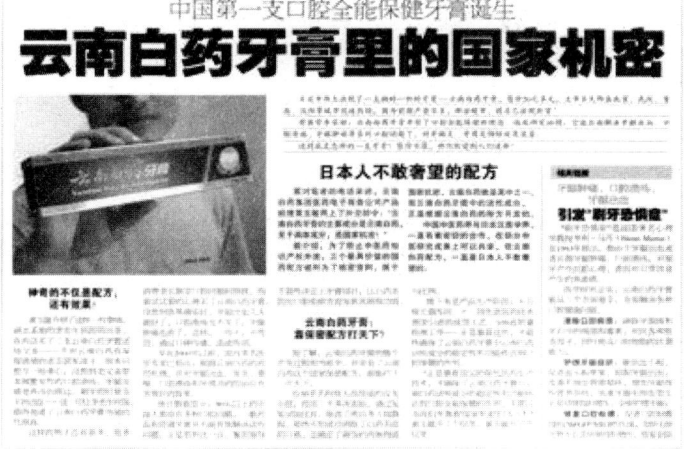

图 4-6　云南白药牙膏新闻式标题

类似的新闻报道式标题还有：
品"东方之子"，做东方巨人。——东方之子酒广告标题
健康之神——氧立得火爆登场！——氧立得便携式制氧器广告标题

### （二）建议式标题

建议式标题也叫合理进言式标题。同一类型的产品太多了，如何让消费者购买自己的产品呢？聪明的商家会提出合情合理的建议，避免消费者发生"身入宝山，空手而归"的尴尬现象。因而在软文标题中，他们把该建议的原因、目的、条件等全部交代清楚，以使其更具有诱惑力。

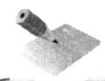

**经典案例**

某房地产公司推广软文标题所运用的建议式标题，如图 4-7 所示。

禹洲中央海岸：杏林湾醉美夜景 怎可辜负？

图 4-7　禹洲中央海岸房地产公司软文标题

类似的建议式标题还有：
一种品质，两种价格，您当然选择合理。——瓷砖广告标题
要穿就穿最好的。——服装广告标题
让您的神经放松一会儿吧！——收音机广告标题
让每一件家具都发出温柔之光！——油漆公司广告标题

## （三）诉求式标题

诉求式标题是用劝勉、叮咛、希望等口气写标题，意欲催促消费者采取相应的行动，这类标题能满足消费者的利益所求，并保证承诺的可靠性。在写这类标题时要绝对谨慎，否则易引起反感。

### 经典案例

诉求式标题常用"千万不要""请""让""应该""无论如何""来吧""试一试"等这些叮咛口气的词汇来吸引消费者，如图4-8、图4-9所示。

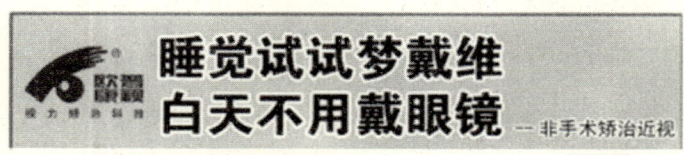

图4-8　某角膜塑形镜矫正视力产品软文营销标题

图4-9　请勿吸烟公益广告标题

类似的诉求式标题还有：
用功读书时，灯光不足是最大忌讳，请保护你的眼睛。——台灯广告标题
和医生、护士一样，不要把病菌带回家。——清洁剂广告标题
百闻不如一试，喝过方知福乐好。——福乐奶粉广告标题
只要你有时间坐下，我们就能给你健康！——电子按摩椅广告标题
打印机若不赚钱，保证原银奉还！——打印机广告标题

## （四）颂扬式标题

颂扬式标题是用正面的方法，使用炫耀的词句来赞誉商品的优点，多用于享有盛誉的名牌产品。此类软文标题容易使人产生良好印象，但必须以事实为根据，用词要注意分寸，切忌夸大，否则容易给人留下自吹自擂不可相信的印象。

**经典案例**

某房地产软文推广标题运用了"得园景者,得天下"的炫耀夸张式语句来引起消费者的注意,如图4-10所示。

图4-10 得园景者得天下——房地产软文标题

类似的颂扬式标题还有:
画面清晰细致,音质丰富传神。——电视机广告标题

## (五)号召式标题

号召式标题是用带有鼓动性的词句做标题,号召人们从速做出购买决定。此类标题多用于鼓吹时尚流行的或即时性的广告,文字要有力量,能起暗示作用,且易于记忆,使消费者易于接受广告宣传的鼓动,产生购买行为。在文学修辞上,文字应力求婉转,以回避一般人都不愿受他人支配的心理特点。

**经典案例**

运用一些具有号召、鼓动性的文字,如"你值得""快用"等字样的标题,如图4-11、图4-12所示。

图4-11 欧莱雅品牌化妆品广告标题

图4-12 胃药斯达舒广告标题

### （六）提问式标题

提问式标题是通过提出问题来引起关注，从而促使消费者发生兴趣，启发他们的思考，产生共鸣，留下印象。

**经典案例**

某按摩器产品广告标题运用提问式的标题来引起消费者好奇，进一步阅读软文，从而得到到底怎样的"蓝色情人"是消费者所要拥有的这个问题的答案，如图4-13所示。

图4-13 "蓝色情人"您拥有了吗？——按摩器

类似的提问式标题还有：

有比脸面更重要的吗？留住青春除去疤，不再是梦。痤疮平涂上就好。——痤疮平广告标题

夏日炎炎何须愁？蝙蝠电扇可排忧。——蝙蝠电扇广告标题

男人为什么要用女人的香波？——高夫香波广告标题

谁为万家燃灯火？恒星牌灯泡为你带来光明与欢乐。——恒星牌灯泡广告标题

### （七）悬念式标题

猎奇、探秘，是人类具有的天然本性，表现在软文标题上亦然。在软文标题中布下悬念，能一下子抓住消费者的注意力，使人产生惊奇感。为满足好奇心，消费者一定想刨根问底，从而往下阅读正文。

### 经典案例

悬念式标题经常和问答式标题配合运用，用问题的提出来制造悬念，如图 4-14、图 4-15 所示。

图 4-14　河南商报问答悬念式标题

图 4-15　儿童百服宁系列标题

类似的悬念式标题还有：

从今日起，大西洋将缩短20%。——国外航空公司广告

不"名"则已，一"名"惊人。——戴维森电子广告标题

鸦雀无声地工作。——美国国家冰箱厂广告标题

满口的青春。——美加净SOD牙膏广告标题

写这类标题应注意：一是悬念不能设得过于离奇，不切合实际；二是避免只是激发了消费者的好奇心，在设悬念的同时应加上新的消息，内容涉及他们的利益，否则这类标题就没有实际意义。

## （八）比较衬托式标题

比较衬托式标题是通过对同类商品的对比，突出本产品的独到之处，使消费者加深对产品的认识。有比较才能看到两种产品之间的各自效果。借与竞争对手的比较，衬托自己产品的优越性。这种标题能突出本商品独特之处，使读者加深认识。

**经典案例**

美的空调广告，就是通过比较衬托的方式，既没有特定指明竞争对手，又达到了宣传自己，凸显自己商品的优越性的目的，如图4-16所示。

图4-16 美的空调广告标语

类似的比较衬托式标题还有：

看得到的优点，听不到的好处。——日立小宁静洗衣机广告标题

这里汇集的明星比夜空中的更多。——米高梅影片公司广告标题

写对比式标题时，应注意商业道德，以采用泛比为宜，一般不指名道姓，避免伤害其他同类商品。要防止用不正当的竞争手法打击别人、抬高自己，把自己的产品说成一朵花，把别人的产品说成豆腐渣，对消费者造成误导。

## （九）比喻联想式标题

主要是利用比喻的修辞方法，使标题增加新意，加深人们的印象。这种标题形式上处处为消费者着想，容易引起消费者好感。

 **经典案例**

一股市论坛帖子通过"壮士断腕"的比喻修辞手法，形象地提醒股民要当机立断，不可迟疑，果断做出决定，如图4-17所示。

图4-17　一股市论坛帖子所运用的比喻式联想式标题

类似的比喻联想式标题还有：
像母亲一样了解你。——计算机广告标题
输入千言万语，打出一片深情。——打字机广告标题
成功的钥匙。——卡西欧中文电脑记事簿广告标题

## （十）诗词韵律式标题

我国传统文化历史悠久，唐诗、宋词、元曲更是传统文化发展的高峰。软文写作者偏好采用诗词语言做软文标题，要么直接引用原诗词句子，要么改用原诗词句子，从而收到良好的效果。

 **经典案例**

某化妆品标题把家喻户晓的中国古典文化诗词融入到广告标题中，非常生动形象地达到了广告宣传的效果，让消费者一目了然，方便记忆，如图4-18所示。

图4-18　随心潜入夜，润肤细无声——某化妆品标题

类似的诗词韵律式标题还有：
共创清新世界，永享绿地温馨。——绿地新技术开发公司广告标题
可信可靠的机器，尽善尽美的服务。——施乐复印机广告标题
年年如青春少女，天天像艳丽佳人。——金美取暖器广告标题

## 三、撰写软文标题的技巧

**案例思考**

《穿"哈特威"衬衫的男人》这则软文曾在市场上取得了神奇效果。其原因除了至今仍被世人津津乐道的"戴黑眼罩的男人"为主要视觉要素的画面设计的创意外,朴实无华的文案,中肯、具体、实在、令人信赖的风格是这则广告出奇制胜的关键。

软文的标题是"穿'哈特威'衬衫的男人",语气十分平和,单刀直入告诉人们一个信息。虽然稍显平直,但是那样聊天式的口吻,使消费者感觉非常亲切,勾起了继续往下读的兴致,如图4-19所示。

图4-19 穿"哈特威"衬衫的人

思考:

根据这个经典软文案例,试分析撰写软文标题有哪些技巧呢?

文章的标题犹如企业的 Logo,代表着文章的核心内容,其好坏甚至直接影响了软文的成败。撰写软文标题有如下技巧。

### (一)要简洁明了

有些文章标题很长,但是没有突出重点,读者不知道你在说什么,当然也就不会再关注里面的内容。现在网络上的文章不计其数,让消费者看到软文标题就能看出内容大概写的是什么,是否对自己有用处,有这种效果的文章,才会让更多的读者青睐。一些标题短而又突出重点的文章是最有吸引力的,所以,现在很多新闻都会在标题上下工夫。我们在写软文时不防学一下这些新闻,拟一个简洁有力的标题增加文章的曝光度。当然,不能太过夸张,以免引起消费者的反感,如图4-20所示,

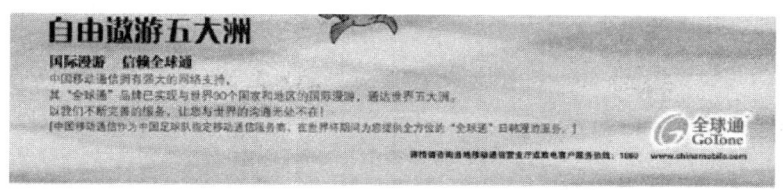

图 4-20　简洁明了的全球通标题

## （二）要紧扣内容

在着手软文写作之前，需要明白软文的主题内容，并以此命题，从而让软文标题与文章内容能够紧密相连。无论撰写软文的主要内容是什么，其目的是吸引用户去阅读，去评论，或者是让更多的人转载，从而带来软文外链，如果软文标题与软文主要内容不相关，那么软文的目的就很难去实现。

## （三）要抓住热点

抓住社会上的热门事件、热门新闻，以此为软文标题创作源头。通过大众对社会热点的关注，来引导消费者对软文的关注，提高软文的点击率和转载率。软文撰写者可以借助百度的搜索风云榜来关注最近热门事件，如图 4-21 所示。

图 4-21　关注实时热点标题

## （四）要敢于创新

对于一篇需要耗流量的软文来说，有创意的标题再好不过了。很多消费者对于网络上的文章已经没有什么新鲜感了，如果看到你这篇文章的标题，就没有什么新鲜感的话，你想他会点进去看文章吗？所以，一个有创意的文章标题，是软文营销的必备条件。

## （五）要迎合受众

每一位消费者都是带有自己的心理想法在看一篇软文的，所以，只要抓住他们的心理想法来写标题，就能起到事半功倍的效果。怎么样抓住呢？可以通过换位思考来判断，想想自己平时看文章时比较喜欢什么样的内容等，也可以通过了解自己的朋友来做判断。这样，标题中融入了这些因素，就能从心理上引导消费者来看。

## （六）要突出关键词

标题中的关键词直接决定搜索引擎的收录。无论是对用户还是对搜索引擎，只有融入关键词、融入长尾关键词，搜索引擎才能更好地判断其文章的主题与相关性，用户才能通过标题更精确地找到自己所需要的内容。但是，软文的标题不能出现过多的关键词，关键词多了，权重易分散；一个关键词给用户和搜索引擎传递的信息更强，印象更深，更有利于用户体验。例如，这个软文标题“外链建设之友情链接与软文发布”就起得比较实际，文章的主关键词是“外链建设”，而标题除了“外链建设”关键词外，还可以有两个长尾关键词“外链建设友情链接”“外链建设软文发布”，这样可以避免只有“外链建设”关键词的境地，多了两个长尾关键词，文章就更有可能被搜索引擎找到，而长尾关键词一般来说竞争都比较小，因此可以得到一个更好的排名。

总之，好的标题可以起到画龙点睛的作用，只有掌握了撰写软文标题的技巧，才能写出好的标题，吸引读者的兴趣。

## 四、软文标题的写作误区

**案例思考**

有些软文标题中较多地运用了口语化语言，太过于网络化，还有一些软文标题以网友角度出发来起标题，如：我、姐、哥、楼主等，这样的标题显得低俗，如图 4-22 所示。

| | | | |
|---|---|---|---|
| 被迫成为小三的我收到崩溃大房的一封信（看看啥叫没事找事） | 特意来回贴 | 2470 | 39 |
| 我国拟将婚前一方贷款购房认定为个人财产，女人要悲剧了！ | 此号打酱油2010 | 459403 | 5665 |
| 你可以看一下,DISCOVERY上所有关于中国的专题 | lv_0317 | 166112 | 2203 |
| 不待见龟梨，纯八赤西仁和山下智久的JP关系(转载) | 水院花榭 | 5762 | 72 |
| 老婆连续三晚都不睡觉也不理我，后来才发现她是在做这个，气得我是哭笑不得 | 1504443572 | 366 | 40 |
| 北京办证:1.3.6.1.1.1.1.8.0.8.3◇◇◇◇◇◇ | bo091 | 0 | 0 |
| 姐看了这个帖子后变得不淡定了，太实用太强大了 | nrgesd | 1043 | 107 |

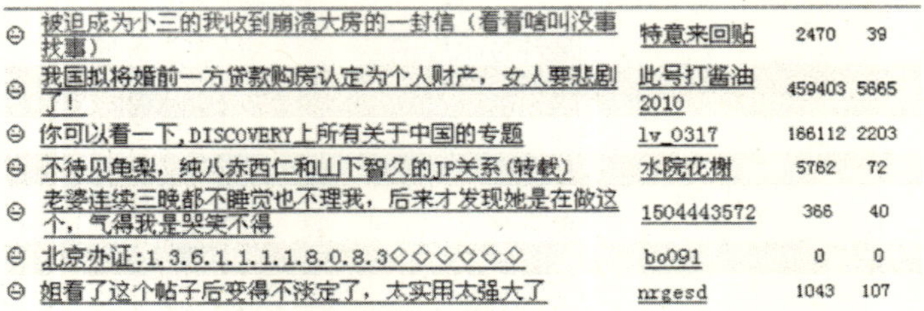

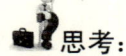

图 4-22　低俗软文标题

**思考：**

图例中的软文标题明显陷入了一些软文标题写作的误区，那么该如何来避免这些误区呢？

在软文标题的创作中，要注意点明主题、引人入胜，切忌走入写作的误区，否则不但达不到目的，甚至会适得其反。常见的标题写作误区有以下几点。

### （一）面面俱到

软文标题应该突出软文中的主要信息，面面俱到是标题创作大忌。那些可有可无的内容应予以删除，冗长的文字只能将软文的精华埋没，削弱消费者对软文的注意力。软文标题最好不要超过 30 个字，否则，搜索引擎不仅显示不出来，而且页面也不友好，阅读起来不容易理解。

### （二）关键词堆砌

堆砌关键词也是软文写作者容易犯的错误。有的作者为了提高相关性，将大量的关键词都堆砌在标题中，这样的效果可能适得其反。在使用搜索引擎的时候，具有简单明了标题的软文比那些堆砌关键词的更容易排到前面。

# 第四章 如何撰写软文标题

## 案例分析

某服装软文标题中"背心裙""连衣裙""毛呢裙"三个产品名称词同时出现,各自有独立的含义,属于堆砌,如果写成毛呢连衣裙就不是堆砌关键词,如图4-23所示。

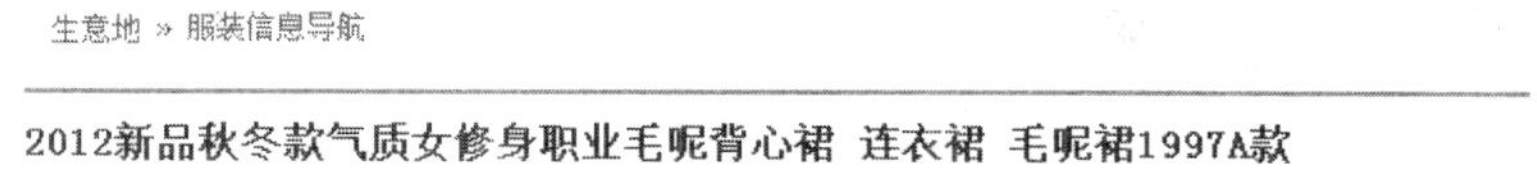

生意地 » 服装信息导航

2012新品秋冬款气质女修身职业毛呢背心裙 连衣裙 毛呢裙1997A款

图4-23 某服装商品标题

关键词堆砌有两层意思:一个是同一个词多次出现在一个标题内。如女装商品标题"连衣裙 雪纺连衣裙 长连衣裙 短袖连衣裙 背心连衣裙","连衣裙"这个词重复出现了5次。二是不同的产品词同时出现在一个标题内,如一款短袖T恤标题"短袖女T恤 连衣裙 背心 打底裤 韩版短裤",只有一个词"短袖女T恤"才是本款T恤的关键词,其他4个词都与产品无关。建议标题中相同关键词最多不要出现超过3次。

### (三)夸大其词

有一些作者为了吸引消费者眼球或者追求更多的网络点击率,利用人们的好奇心理,使用夸张等语言修辞手段,甚至以造假的方式,把标题写得虚张声势、言过其实、耸人听闻、花里胡哨。这样的标题往往适得其反,令人反感。

## 案例分析

下则标题是很引人注意,能够激起人的好奇心,但是"坐牢"这个词过于敏感,修辞过于夸张,可能会引起人的反感或逆反心理,如图4-24所示。

图4-24 某公司人力资源部广告标题

### (四)无关内容

有一些所谓"标题党",就是指那些喜欢利用各种颇具"创意"的标题吸引读者眼球,以期达到某种目的的行为。简而言之,就是所发软文的标题或夸大事实,或刻意曲解,或牵强附会,而其内容与标题大相径庭甚至完全无关。如果跑题严重的话,读者会对你的软文印象大打折扣,甚至对产品产生厌恶效应。

## 案例分析

这则软文的标题给人一种不知所云的感觉,即使把所有软文看完也不知道主要内容是什么,看了落款才知道可能是想传达一种公司文化精神和企业文化,标题与内容太牵强附会,所以并不是一个好的标题,如图4-25所示。

图 4-25 某企业文化标题

## 本章小结

一个好的标题是促进软文广泛传播的利器。掌握了软文标题的写作技巧对整篇软文的成功起到至关重要的作用。本章介绍了软文标题的作用、常见类型、撰写技巧以及撰写过程中存在的一些误区,通过一些具体实例,可更直观地感受到软文标题在软文营销中的重要性。

## 本章习题

1. 软文标题的作用有哪些?
2. 试分析如下软文标题属于什么软文标题类型。
(1) 让你的爱在人间停不下来。——公益广告标题
(2) 君子只动口不动手,何不试一试?——四达声控卡广告标题
(3) 日立真棒!——日立家电广告标题
(4) 高山流水爱知音,星河音响成佳友。——星河音响广告标题
(5) 轻轻一按,万事OK。——全自动洗衣机广告标题
(6) 强队要饮巴西咖啡。——巴西咖啡广告标题
3. 软文标题的撰写有哪些技巧?
4. 软文标题的撰写要注意哪些误区?

# 5 CHAPTER 第五章 撰写软文内容

## 一、软文写作基础

**案例思考**

在当今“要么电子商务，要么无商可务”，网络营销越来越受管理者重视的信息贸易时代，软文正成为最受青睐的营销神器，如图 5-1 所示。

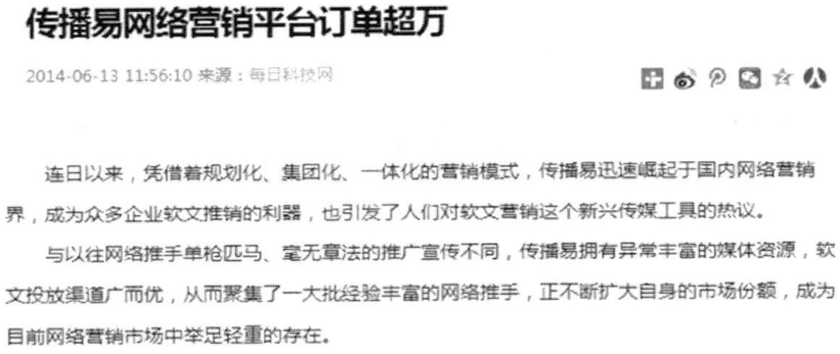

传播易网络营销平台订单超万

2014-06-13 11:56:10 来源：每日科技网

连日以来，凭借着规划化、集团化、一体化的营销模式，传播易迅速崛起于国内网络营销界，成为众多企业软文推销的利器，也引发了人们对软文营销这个新兴传媒工具的热议。

与以往网络推手单枪匹马、毫无章法的推广宣传不同，传播易拥有异常丰富的媒体资源，软文投放渠道广而优，从而聚集了一大批经验丰富的网络推手，正不断扩大自身的市场份额，成为目前网络营销市场中举足轻重的存在。

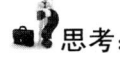

图 5-1　软文营销平台受热捧

**思考：**

什么样的软文能拉近企业与受众的距离呢？

### （一）软文写作的定义

软文写作就是针对某种产品或服务，通过借鉴文学创作、新闻写作或公文写作的方法和形式以吸引读者的注意，在给读者提供他们所需要的精神食粮的同时把企业的品牌、理念等深深地烙在了读者的心中，从而达到软文营销的目的和效果。

### （二）软文内容的组成和作用

世界是千姿百态的，软文的内容及表达方式也是丰富多彩的。软文的内容一般包括开头、正文、结尾三部分。

软文写作中最重要的就是软文的内容，好的内容是读者能够认真看下去的必要条件，是传达作者理念和软文营销效果最大化必备的，是留住读者以及后续回访的基础条件。所以说，软文内容是软文的核心、灵魂。一篇优质的软文能吸引读者的阅读欲望，善于捕捉读者猎奇、求知、愉悦的心态，巧妙地引起读者的兴趣，其宣传效果就能得到受众的认可。

## （三）软文内容写作的基本要求

### 1. 实在

所谓实在，就是文章要尊重事实，有一说一，有二说二，真实准确。你提供的信息对受众要有价值、有用处，能够给人们带来帮助。

### 2. 新意

所谓新意，就是文章比较新颖，让读者眼前一亮，引起受众强烈的好奇心。这就要求软文内容有很强的时效性，如明星私生活、公司开张、新产品问世等，可以在短时间内提升公司的形象。

### 3. 易懂

所谓易懂，就是文章应该通俗易懂、言简意赅、形象生动，让受众看得懂，能够解决实际问题。写作时注意适当描写，但不能过于张扬。

总之，写好软文，首先要求善于搜集材料，读懂材料，弄清阅读对象的层次、要求，提炼出写作的主旨，再运用典故、故事、生活中的事例去分析问题，解决问题，从而增强软文的时代感和现实意义。其次要求能够用灵活生动的语言来缩短产品与顾客之间的心理距离，能迅速消除陌生感，增强信任感。最后要求能够在文字表达中沟通双方感情，有效解除顾客害怕上当受骗的警惕心理，从而达到顺利营销的目的。

## 二、软文开头的写作

**案例思考**

人们常说："好的开头，等于成功的一半。"软文的开头是软文的眼睛和灵魂，在软文中的地位特殊而且重要。一篇成功的软文首先就要从好的开头写起。文章开篇的质量高低，将会直接影响到软文的档次。例如，通过情景导入，即引入或营造软文行动目标所需要的氛围、情境，激起读者的情感体验，调动读者的阅读兴趣。这种开篇方式多运用在情感类软文写作中。用这种方法写开头，对于渲染氛围、预热主题有直接的效果，可以很好地激发受众的情感，如图5-2所示。

年夜饭给家人开——瓶国宴酒

2010年01月16日 12:05 凤凰网时尚 【大 中 小】 【打印】共有评论0条

伴随着瑞雪烟花，一年一度的春节悄然来到。在这个中国人最重要的传统节日里，年夜饭自然是最重要的节目。在这一天，辛苦在外求学打工的游子都一定会放下手中的工作，赶回家中与父母亲友一同分享一年中最温情，同时也是最重要的一顿晚宴。在这个时刻，给家人开一瓶国宴酒——长城桑干酒庄酒，不仅能简单直接地向长辈表达敬意，同时也是对于自己过去一年辛劳的最佳犒赏。

图5-2 情景导入的写法

**思考：**

分析以上案例，请思考软文还有哪些开头方式？

## （一）软文开头的方式

常见的软文开头主要有以下七种方式。

### 1. 直接入题法

所谓直接入题法就是着笔点题，直接提出观点，直奔主题，用几句话直接引出软文中的主要人物或点出故事，或揭示主题或点明说明的对象。

用这种方式开头，一定要快速切入中心，用朴实的语言将自己所要表达的内容直接摊开来给读者看。

医药、保健品行业多采用这种方法开头，因为这类软文重点解决患者（消费者）的问题，需要直截了当地从患者（消费者）的角度提出问题，而且问题需要直中要害，要与患者（消费者）的相关情况一致，只有这样才能引起患者（消费者）的共鸣，如图5-3所示。

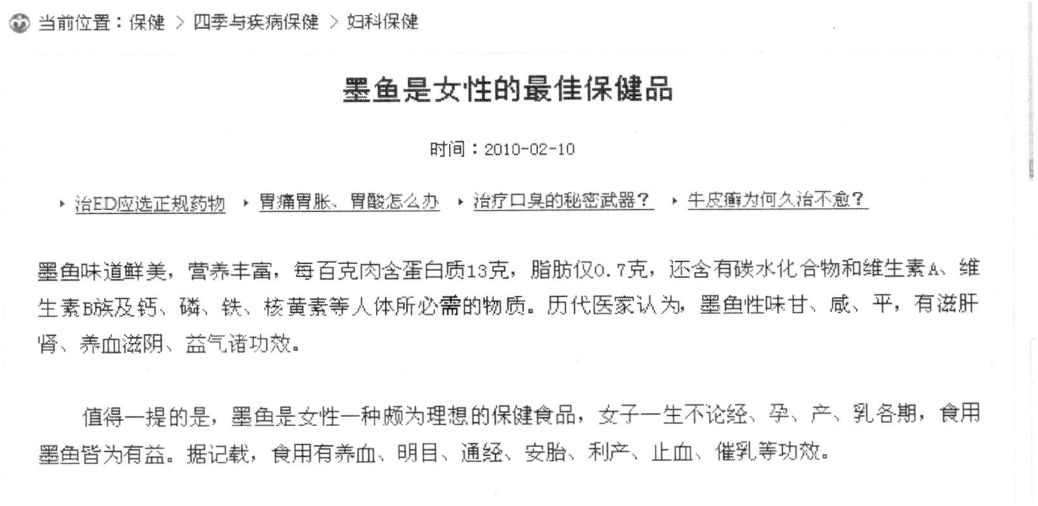

当前位置：保健 > 四季与疾病保健 > 妇科保健

**墨鱼是女性的最佳保健品**

时间：2010-02-10

▸ 治ED应选正规药物　　▸ 胃痛胃胀、胃酸怎么办　　▸ 治疗口臭的秘密武器？　　▸ 牛皮癣为何久治不愈？

墨鱼味道鲜美，营养丰富，每百克肉含蛋白质13克，脂肪仅0.7克，还含有碳水化合物和维生素A、维生素B族及钙、磷、铁、核黄素等人体所必需的物质。历代医家认为，墨鱼性味甘、咸、平，有滋肝肾、养血滋阴、益气诸功效。

值得一提的是，墨鱼是女性一种颇为理想的保健食品，女子一生不论经、孕、产、乳各期，食用墨鱼皆为有益。据记载，食用有养血、明目、通经、安胎、利产、止血、催乳等功效。

图5-3　直接入题方式

### 2. 发人深思法

发人深思法用设问句开篇，形式自由洒脱，不拘一格，运笔自然，可以是近似头条新闻的播报。如：

周一，一条爆炸性新闻在朋友圈里炸开了。一年前还是脸色萎黄，神情呆滞的×××，最近面色红润，容光焕发……

大家或许要问，是什么改变了颓废的她？

这样的开篇有创意，其后写的必然是合乎情理、合乎逻辑的具体叙述或描绘。

再如：

有人在讨论下面的议题，世界上究竟什么东西是无价之宝？有人说它是黄金，是钻石，有人说是权力，是金钱地位，也有人说是爱情，等等，莫衷一是。我的看法是：健康，也只有健康，才是无价之宝。

发人深思法还可以先提出问题，然后把自己要宣传的产品或理念巧妙地放到一个事先创设的情景中，让读者在不知不觉中接受自己所推广的产品。

### 3. 摘录入题法

建议写软文的时候查一下与该文章相关的主题有没有什么名人名言或者经典语录,从而生发叙事或议论。摘录名言名句开头的文章,一般很能吸引读者的眼光。如在软文的开头,精心设计一个短小、精练、扣题又意蕴丰厚的名人名言、谚语、诗词等,既能引领文章的内容,还能凸显文章的主旨及情感。如《母亲节,你准备好了吗?》一文开头:

妈妈的世界很小,只装得下我们,而我们的世界很大,可以装得下整个世界,最美好的一句话就是:我已经长大,你未变老!送给妈妈一件质量杠杠的内衣,可以让妈妈一直健健康康……

用这种方法开篇的好处是着笔点题,抓住要点,读者看到这样开头会无形给自己释放一种心理暗示,觉得文章很有文采。这种写法既吸引了读者,又提高了软文的可读性,是一个比较常用的写法。

### 4. 故事入题法

软文开头可以用大家熟悉的故事或自编的故事导入,将富有哲理的小故事,或者与要表达的中心思想或者段意相关的小故事直接做开头,然后导出所要推广的产品。

### 5. 修辞入题法

开头还可以用修辞手法,如比喻、比拟、借代、夸张等,用修辞的手法来写开头可以演变出很多开头的方式。如《翻检日子》的比喻形式开头:

日子像手中的细沙,一不留意,就纷纷从指间流逝,而且义无反顾。

又如夸张的修辞写法:

她还没有端酒杯,就醉了。

只要你写的文章是有内涵的,对于受众来说是有意义的,再加上适当的关键词,让受众快速进入情境就是一篇软文了。

### 6. 联想入题法

联想入题法即首先联想到与所写软文推广的人、事、物等,稍加议论,进而提出观点的写法。读者看到开头即时展开丰富的联想,猜测各种答案,进而就有了阅读的渴望。如《珠宝顾问不会说的秘密》的开头:

"钻石恒久远,一颗永流传"的观念早已深入人心,然而面对复杂的钻石专业知识和众多钻饰品牌,人们不禁心存疑虑,到底该如何选择钻石?近日,记者有幸采访了在国内珠宝巨头 SJONO 世纪缘从事珠宝顾问十几年的珠宝行家孙女士,她向我们透露了一些不为人知的业内秘密。

### 7. 呼告式入题法

如"桥溪古韵"的旅游软文可以这样开篇:

朋友,你到过闻名省内外的梅州景点"桥溪古韵"吗?当你累了、乏了的时候,来吧!"桥溪古韵"欢迎您!你定会着迷那春意盎然、小桥流水、莺歌燕舞而迅速忘却烦恼,定会乘兴而来,尽兴而归。

如果你愿意,我陪你到梅州旅游胜地"桥溪古韵"去走一走、看一看,领略大自然的韵味。

呼告式的开篇,新闻记者采访式的记叙,是别开生面的入题方法。

其实，软文开篇没有固定的形式，只要开头能够在短时间内抓住读者的内心，产生探究的兴趣，这样的软文就能吸引读者，读者就能愉快并情不自禁地沉溺其中。

### （二）软文开头写作的技巧

#### 1. 前后呼应，符合逻辑

软文开头提出的问题要有吸引力，震撼力，语言精练，迅速吸引读者；注意前后呼应，浑然一体，内容要符合常识，符合逻辑。

如软文《留一些眼光看自己》可以这样开头：

"尺有所短，寸有所长"这是人尽皆知的道理。每个人、每种物品都会有缺点和不足，也总会有超出他人的地方，在这种情况下，我们应该怎么办呢？像《鸟的评说》里的鸟儿那样数落别人的不足吗？不，应该留一些眼光看自己。

#### 2. 善用故事，引出产品

用一个小故事引出所要推广的产品，使产品的"光环效应"和"神秘性"给消费者心理造成隐性暗示，使接纳产品成为必然。因为讲故事不是目的，故事背后的产品线索是文章的关键，而听故事是人类最古老的知识接受方式，所以故事的知识性、趣味性、合理性是软文成功开头的关键。

#### 3. 情感渲染，以情动人

如果一篇软文的开头能做到"转轴拨弦三两声，未成曲调先有情"，润物无声，悄然拨动受众的心弦，就可能是个绝妙的软文开头了。如：

灯下，我正在赶写堆积如山的作业，父亲轻轻地走进我的房间，把一杯热气腾腾的XX牌姜丝可乐放到了写字台上。透过层层雾气，望着父亲离去的背影，我的眼睛湿润了，泪水不知不觉地流了下来。

#### 4. 大胆创新，出奇制胜

如《滥竽充数》故事里的南郭先生，人们会众口一词，说他是混混。那么我们可否从另一个角度去评价南郭先生呢？可否写他在混的过程中猛醒过来的那种自知之明呢？又或者联系当今职场用人的实际，把这个故事带给我们的警示巧妙地传递给求职者呢？

以上的创新想法说明，同一个材料或同一个产品，从不同的角度去审视就能写出不一样的软文，其开篇也是不尽相同的。

### 经典案例

#### 丝瓜水：让你肌如凝脂的秘密

据有关《红楼梦》外传的记载，林黛玉在中秋月圆之夜，精选扬州二十四桥边枝叶旺盛的丝瓜藤，在丝瓜茎高出地面半人高处将其拦腰切断，取其源源不断滴出的晶莹汁液，然后带到大观园的地窖里封存起来；妙玉在冬至这一天，从艳红的梅花朵上采撷梅花雪，与初春清明节那一天采摘的桃花叶，放在成窑的瓦罐里，用黑炭熬火，慢慢蒸馏出精制净水，也在地窖里封存起来；到了来年的七月初七牛郎织女相会日，林黛玉和妙玉一个取出丝瓜汁，一个取出梅花雪水，在成窑的瓦罐里搅拌调匀，然后又加进柠檬、精酒、金缕梅、迷迭香等，最终配制而成丝瓜水。

丝瓜水制作如此复杂，其功效到底如何？林黛玉曾如此答复："我和妙玉姐姐所制丝瓜露，承佛祖古老配方之遗风，具药物清热解毒、润肺利肠之功效，头痛、腹痛、神经痛者用之病症立除，更具有妙不可的美容效果。"关于此，相关《红楼梦》外传有诗为证：江南有草本非栽，隐隐水边飘香来；二十四桥丝瓜露，成就金陵十二钗。

但有奇效在，怎能不流传！《红楼梦》中古典美女们使用丝瓜水美容护肤，个个貌若天仙，皮肤水嫩紧致，从此丝瓜水名声在外，流传至今。

### （三）优秀软文开头赏析

#### 1. 诱导式软文开头

以下案例是某补习中心的广告软文《珍惜时间，从××做起》：

每个人都拥有一笔性质相同的财富，那就是时间老人给予每个人每天每时每刻的时间长短是一样的。有的人，很珍惜这个财富，利用它去创造更多的财富；有的人，不珍惜甚至随意糟蹋这个财富，到头来两手空空……如果你想创造更多的财富，请到××补习中心来。

赏析：从人人都拥有相同数量的财富——时间入手，从珍惜时间和糟蹋时间的两种人的结局进行对比，然后把受众吸引到自己宣传的××补习中心来。

#### 2. 应景式软文开头

以下是母亲节某体检中心的软文宣传的几种开头：

（1）五月的第二个星期天——母亲节，这是个充满人间温情的节日。今年的母亲节，你想送妈妈什么礼物呢？××体检中心建议你带妈妈去做健康检查，让辛苦操劳的妈妈一定要保重身体，因为健康是一切的根本。

赏析：这是故事型软文最常用的形式，想尽办法说出真情，体检中心的身体检查在软文里就是送给妈妈的礼物，用故事开头可以渲染节日的氛围。

（2）记忆中，母亲的头发是乌黑的，母亲的额头是展平的，母亲的身板是直挺的，母亲的双手是滑腻的。母亲走起路来，脚像离弦的箭；母亲干起活来，腰像柔韧的弹簧。时光荏苒，岁月如梭，我突然发现，我的记忆是错的……

赏析：软文写作中多用短句型，大家可以学习此例的描写手法以及词语、短句使用的技巧。

（3）母亲，女人最温柔的名字，孩子记忆中最慈祥的面容。然而，随着时间慢慢推移，母亲头发开始白了，身体不再坚实。作为子女的我们只能眼睁睁地看着她渐渐老去。这种感受正是难以言喻的血肉相连。5月的第二个星期天是"母亲节"，请别忘了给您的母亲一声问候或者一张贺卡。同时，××体检中心愿意与您一起送上一份健康大礼包，共同祝愿：妈妈，身体健康！

赏析：自然地写出自己的产品，注意过渡得合理、自然。如文中"请别忘了给您的母亲一声问候或者一张贺卡"，然后很自然地引出自己推广的产品。

## 三、软文正文的撰写

**案例思考**

如果说开头是一个店铺的门面,那么正文就是一个店铺的核心卖点,是否能将预定信息传递给用户,留住用户,让用户记住你,就看正文是否具有足够的吸引力。所以,撰写软文时应把握市场热点,抓住消费者对产品最关注的是什么,易于接受的传播方式是什么等问题。否则,即便你妙笔生花,若不能迎合消费者也不会有理想的市场回报。下面这篇图文并茂的软文就很好地阐述了正文的重要性,如图5-4所示。

图5-4 图文并茂的旅游软文

**思考:**
分析以上案例,你认为怎样的软文才能有理想的市场回报呢?

## （一）软文正文写作的基本要求

### 1．以诚相待，尊重读者

软文能否成功吸引读者，首先取决于一个"诚"字，只有以诚相见，才能与读者推心置腹、情感交融。诚意表现在写作上是语意明确、措辞诚恳、口气平等，不言过其实，不讽刺挖苦，不强加于人。同时，在写作过程中还应注意必要的礼节，尊重读者。

### 2．知人善写，润物无声

现实生活中，每个人在心理特征、脾气秉性、语言习惯上都存在差异。因此，在内容选材、写作上必须"看人说话"，即根据不同对象采用不同的语言形式，准确用语，避免误解。要亲切友善，温和体贴。

例如，含蓄幽默的写法适用于文化层次较高的消费人群；迂回诱导的写法适用于思想、经济负担较重的消费人群；委婉暗示的写法能引起聪明人的联想；激昂豪放的写法能激励情绪低落者等。写作时应站在读者的角度发表对产品、事件等的见解，多从对方角度去考虑问题，不要把自己的观点、意志强加给对方，应该巧妙地引导对方接受。

### 3．突出特点，力求新颖

突出特点，以情感人，描写要精致，详略得当，有自己的语言风格，根据感情基调烘托出和谐的气氛；要善于用新的思路给受众一种豁然开朗的感觉，语言要优美、精练，故事性严密。

总之，软文必须要具备明确的目的和诚恳真挚的情感。

## （二）软文正文写作的注意事项

### 1．利用热点事件

平时我们可以利用一些新闻或热点事件，把我们的服务对象或者是需要推广的一些产品结合起来，从而达到营销的目的。

### 2．字数合理

文章不宜过长，长的文章让人觉得复杂，重点难突出，难以在短时间内吸引读者的眼球；反之文章过短，寥寥几十个字甚至一两百字让搜索引擎不容易判断出文章的主题，也就难以判断出关键词，甚至链接至不相关网站。所以较为合适的标准日常软文应不少于800字，如果是小说或故事型软文则需依据情况而定。

### 3．段落清晰

科学试验证明，人们无论是在审美方面，还是在接受信息方面，最容易接受符合黄金分割法则的图片和信息。一篇800字左右的软文需要插入至少3张截图（800像素×600像素）。

### 4．适度宣传

我们在做软文推广的时候，穿插的广告一定要适中，千万不能出现广告满天飞的那种状态。一篇高质量的软文一定是为用户解决问题为主的软文形式。

### 5．提升质量

软文一定要能解决用户的问题，你的文章一定要能够给用户带来价值。这是关键，只有从用户角度出发的软文才会引来大量的转载，从而提高知名度。

### 6．富有争议

一篇高质量的软文除了能够给用户带来价值之外，还要具有一定的争议性。因为只有这样,我们的软文才能够让阅读过文章的用户积极参与进来,从而最大限度的对文章产生"病毒式"传播。

只要我们保持对生活的热爱、对新事物的兴趣、对新现象的敏感性,大胆实践,一定可以写出高质量的软文。

(三)各类软文正文的写作指导

软文正文是软文内容中最重要的一部分。因为我们的目的在于推广产品,所以产品基本信息都要在正文中表现出来。

1．故事类软文的正文写作

故事类软文就是许多写手经常写的,编一段感人的、搞笑的、夸张的故事,将品牌结合在故事的高潮处,或者成为故事必不可少的主线之一,以强化品牌宣传。这类软文主要是用在网络论坛及博客等互动性比较强的地方,因为故事才能引起话题的延伸,并在讨论中重复传播。故事类软文是大家最喜欢的一种类型。

## 案例分析

缘,如此妙不可言

缘,或许这就是缘吧,在某一个时刻,某一个地点,和一个人,奇妙的相遇……

7月,夏日炎炎,我们毕业了。毕业的我,忙着上网投简历,忙着面试,生活紧张而忙碌。7月7日的清晨,那是我和她相遇的日子,这一天,我去面试,她也来面试。我们在面试公司的门口,相遇。世间竟有如此奇妙,我们在那家公司的楼下,碰面了,尔后,只是一个眼神的际会,焦灼的心突然便静了下来。

她,竟是一个如此让我安静又倾心的女孩。"你好!"我怯怯地跟她先打了个招呼。"你好!"她爽直大方回应,浅笑盈盈。"面试还好吧?""嗯,还行吧!""你呢?""我也还好,呵呵!"然后我们相视一笑,彼此挥手话别,其实我想说:遇见你,真好。

微笑,再次绽放在我们的脸上。在一个如此相似又熟悉的清晨。我们,在那个相遇的地点,再次相遇了。因为,我们都接到了公司的录用通知。

"好巧啊!"你笑着说,笑容依然灿烂,如花般美丽。"是啊!真有缘啊!"心里也有朵花在盛开。

"嗯,这缘分还真得感谢一座桥呢!"她狡黠一笑,神秘莫测。"桥?"我不解。"是啊!是一座网桥呢!这座桥叫江西女性人才网。"

后来我才知道,原来她在网上投了很多简历,然后都没有回音,只是在最后时刻,她意外发现江西女性人才网发布的招聘信息,并投了一个公司,很快就接到了面试通知,并最后被这家公司录用了。而这家公司,现在正是我们供职的。"你说,我们是不是该感谢一下这座'桥'呢?"她开心地笑了。我也笑了。我们,就这样,相识……

缘,如此妙不可言!

大家认真看一下这篇七夕软文。"是啊!是一座网桥呢!这座桥叫江西女性人才网。"(带出产品信息)。

这是一个经典的故事型软文。从以上案例可以看出,故事型软文写作要点是真实、质朴、自然,让读者在故事的阅读中加深对产品或服务的印象。

## 2. 新闻类软文正文的写作

（1）新闻类软文的分类。新闻类软文可分为三大类，一是新闻通稿，二是新闻报道，三是人物访谈。

1）新闻通稿。新闻通稿的本质更接近于硬广告，但是它和硬广告的区别在于新闻通稿由官方发布，较为权威，其写作模式和传统新闻稿类似，在这不做赘述。如：《千里赴蓉 只为活出个熊样》报道的是2004年被解救的天津受虐黑熊艾玛被送往成都治疗的事情。"只为活出个熊样"，继承前句语境，轻松幽默地吸引起了读者阅读新闻的欲望，看完新闻又感觉这幽默是借对黑熊的调侃之名，对虐熊者进行谴责，继而引发读者的怜悯之心。

2）新闻报道。新闻报道是站在媒体的角度，以第三方的角度来报道某件事情，是在正规的新闻格式里面穿插广告，非专业的人士很难辨别。它的形式可能是报道某一种新的产品，但是写作的形式让人感觉它是站在客观的角度来写，只做一些叙述和评论，这样容易让人产生信任感，不自觉地就把产品形象印在了脑海。

3）人物访谈。人物访谈对于那些写作水平不高的朋友来说，是一个很好的取巧方法，找一些知名人物做一个访谈，把谈话内容整理下就是一篇很好的文章，而且被访谈人可能也会帮你推广这篇文章。切记，在聊天中不要揪着自己的产品不放，这样不但嘉宾不高兴，用户也不会喜欢看这类文章，在某部分稍微提及下就好。

（2）新闻类软文的写作要点。

1）寻找、聚焦产品及产品之外的亮点。在写作时，可以针对最近的热点来写，巧妙地把热点和你的产品相结合，找到共同点。如"以《来自星星的你》看网络营销"，两个毫不相关的事情可以写出非常完美的文章。

2）注重产品的软实力。所谓产品的软实力，更多的是指产品的售后服务或是保修期，所以如果我们的产品质量过硬，售后服务较为完善，这是一个很好的写作思路。

3）突出产品的技术。如在某一领域技术有了突破，绝对会是很好的引爆点，不管是对软文的写作或是推广都有很大好处，系统地把产品技术能达到的效果阐述出来，就会非常吸引人。

4）渗透人文、文化气息、知名历史事件。在写软文时，要注重挖掘企业的内在文化。如选用企业老板的创业故事，这类文章可只留企业名称和老板姓名，不需要其他任何的广告形式，把它当成一篇励志文章写。这样做能很好地树立个人或企业的品牌形象，从而吸引客户。

5）从客户角度写用户体验。站在客户的角度来写软文，能更好地引起客户的共鸣，同时增加产品或企业的好评度，开发潜在用户，这也是最基础的口碑营销。

综上所述，新闻稿的好处在于产品信息比较隐蔽，具有很强的传播性。当年脑白金开创了保健品行业科普新闻稿的先河，但是其软文内容是围绕产品诉求来写的，产品本身就是该文章的新闻点。后续许多新闻软文本身的内容都是社会热点，只是把传播的品牌与该新闻点相结合，终归还是以社会上的新闻点为诉求点，从而打响产品的知名度。

## 3. 状物类软文的正文写作

状物类的软文，如描写鸟兽鱼虫、树木花草、建筑处所、物品、器械等，写作时应该注意以下几点：

（1）逼真地写出物的形态。写作之前，一定要了解物体，熟悉物体，认真仔细地观察物体。

（2）准确地写出物的特征。写出物体的特点，显示其与众不同的个性特征，以吸引读者。

（3）融入自己的感情。以情感人，展开丰富的联想和想象，从不同的角度，借物言志，表达真实自然的情感，以打动读者，引起共鸣。

（4）掌握技法，写出趣味。写作时注意选择物体的最佳角度，做到移步换形，努力从多侧面、多方位、多层次去再现这个物体。采用静态描写和动态描写相结合的描写方法，使静中有动、动中有静，形神兼备，跃然纸上。如运用比喻、拟人、夸张、排比等修辞方法和联想、对比、象征等手法，以及风趣、幽默、生动、活泼的语言等，让所描写的对象妙趣横生，有物有情。

**4. 场面描写类软文的正文写作**

软文中，往往涉及特定的地点、一定的景物、人物的活动，这三者的综合就构成了场面。场面描写是这三者有机结合的"动态"描写。场面描写类软文应注意以下几点：

（1）有点有面，点面结合。既要写出场面总的轮廓，又要写出具体的人物或产品效果。

（2）突出重点，写出气氛。分清主次，详写主要人物的神情动作或主打产品的性能特征，善于把握特定场景，略写次要人物。

（3）层次清楚，有条不紊。场面描写时既要顾及特定场合下的各个方面，又要重视场面气氛的渲染，因而常常出现人多、事多、物多、景多的情况，可以根据特定场面的具体需要采取总分顺序、空间顺序、时间顺序等写法。

总的来说，软文撰写者必须要有非常扎实的文字功底，具有非凡的驾驭文字的能力、综合的文化修养和丰富的想象力；还要吃透所服务品牌的企业文化、企业的核心竞争力和产品卖点诉求、市场背景等。如：写炊具销售的软文必须熟悉古今中外的美食和烹饪文化；写鞋子销售的软文必须挖掘古典的、时尚的鞋履文化；写酒类销售的软文，必须先到中国传统绵延数千年的酒文化中去淘金……只有掌握了与行业相关联的知识，再从这一堆知识中挤出水分，变成智慧融入产品中去，才能在主题明确的软文撰写中广征博引、触类旁通、文思泉涌、一挥而就。

**5. 其他类型软文的正文写作**

（1）采访稿类软文。这类软文主要采用访谈录等，通过访谈可以深入到各个方面宣传品牌信息。当然，这种方法必须是所采访的对象有一定的名气才可以实施，否则就是王婆卖瓜自卖自夸了。

（2）评论类软文。和新闻稿不同的是，评论类软文更侧重于提出观点，而不是只描述事件。此外，对于个人来说，评论稿不仅利于发布在博客上引起圈内注意，也比较容易在行业网站及论坛上引发讨论。

### （四）软文正文写作的技巧

**1. 应对技巧**

正文应该为主题服务，不能东拉西扯，偏离主题，影响效果，应注意以下三个方面：

(1) 要善于及时让读者认同自己的见解。
(2) 要注意体现正文的中心思想。
(3) 要正确表达自己的思想。

#### 2. 诱导技巧

循循善诱是写作时常用的一种技巧，需要因势利导。诱导的具体方法如下：

(1) 易位思考。用恰当的语言诱导对方换一个角度去思考，从而对问题做出新的评价。

(2) 现身说法。用自己（他人）的亲身经历去劝解、说服读者。

(3) 曲径通幽。暂时撇开正题，同与读者闲聊，再循循善诱，寻找具有共同语言的话题，以缩小情感上的距离。

(4) 对比映衬。生活中存在着一种比差心理效应，即当我们看到别人比自己更伤心、更失落时，反而不再伤心，甚至去同情、安慰别人。或者因别人的失落而发现自身的优点，从而鼓起奋发向上的勇气。

总之，诱导的方法多种多样，使用时应根据具体情况而定。但是，不管使用哪种方法，都要做到诱得巧妙，导得自然。

### 经典案例

**环球雅思冬令营提醒您：海外游学要有备而去**

出国游学尽管已不是什么新鲜事，但是对于大多数家长而言仍然是概念有余、经验不足。而且，由于出国游学涉及的方面过于庞杂且专业性极强，即使是出国经验很多的家长，实际上自己能够控制的部分也是很有限的。

那么怎样才能规避风险呢？就这一问题，记者询问了北京环球雅思培训学校在这方面的相关人士，他告诉记者最可靠的办法就是挑选信誉度高的中介。因为出国游学是极度依赖信誉的项目，中介的信誉至少目前为止是出国游学唯一的"安全带"。

如何知道一个中介是否有信誉呢？记者了解到，多数人认为目前最可行的办法是了解中介的口碑如何。北京环球雅思培训学校的国际游学专家告诉记者，由于近年来留学热的升温，从事留学中介公司越来越多，众多劣质企业充斥其中，欺骗事件层出不穷，给行业造成了很不良的影响，给大众留下了比较坏的印象。北京环球雅思国际游学中心作为国际教育行业内的品牌机构，始终秉承"拓展全球眼光，感受世界文化"的国际教育价值观，倡导"有教无类、跨文化、可持续"的国际教育理念，以"搜寻信息，分享资源，服务国际教育"的模式，为国内外会员提供基本信息和特别定制两个方面的专业化服务。

环球雅思国际游学中心今年寒假主办的英国、美国、澳洲留学体验营活动，就是选拔一定数量的中国学生，前往世界多所一流高等院校进行为期2~3周的留学体验。该体验活动的目的就是让学生亲临海外高等院校的课堂，实际感受在海外留学和生活场景和境况，以帮助学生更好地规划自己的留学人生，更准确地选择人生方向。

## 四、软文写作常用的结尾方法

**案例思考**

人们常说,好的开头是成功的一半,而光有好的开头而没有好的结尾,也将令人为之遗憾。一篇好的软文不仅要有别致、新颖的标题、开头,更要有契合读者心理需求、让人意犹未尽的结尾,所以好的结尾亦是一篇好的软文非常重要的一部分,能提升整篇软文的质量。以下是迪莱品牌在厦门传递爱心火炬新闻的结尾:

爱心传递活动得到社会各界人士的广泛关注。慈善活动当天下午,各界时尚人士云集厦门悦华酒店,争先参加迪莱精心准备的爱心认购活动。嘉宾所认购礼品的金额都作为迪莱爱心善款捐献给福建当地教育事业。为了回馈众人的爱心,国球冠军更与嘉宾同台竞技,气氛热烈非凡。

迪莱品牌在此次活动中展现出的对贫困少年的爱,完美地阐释着"因为爱,所以更经典"的品牌理念,爱文化将创设出最美好的未来。

**思考:**

分析以上案例,请问怎样的结尾才能提升软文的整体质量呢?

### (一)软文结尾的定义

软文的结尾又称附文,在软文中向受众传达企业名称、产品购买方法、接受服务方法等附加性信息,它一般出现在软文的结尾部分。

一般文章结尾要包含以下四个内容:

(1)网站、产品、企业品牌名称。
(2)购买产品或者获取服务地址(可以使网站地址)。
(3)联系方式(电话号码、QQ、有效邮箱等)。
(4)做出号召或呼吁。

### (二)软文结尾的方法

精彩的软文结尾,能让你的软文得到升华,让你的读者受益匪浅。结尾虽然可以尽情发挥,但结尾的写法不能纷繁复杂,矫揉造作,要铿锵有力,与软文开头、正文浑然一体,才能留给读者丰富的想象、联想空间,从而增强软文的整体效果。

下面介绍软文常用的七种结尾方法。

#### 1. 水到渠成法

在内容撰写完之后,再不露痕迹地推出自己想要宣传的产品,自然而然地收束全文,给读者一种意料之外又有合乎情理的感受。如:

开头:大家都称赞他是我们医院的好医生……

结尾:张医生就是这样,几十年来,他风里来雨里去,病人需要什么,他就做什么。哪里需要他,他就在哪里出现。

结尾与开头遥相呼应，文章的开头先提出观点或论题，中间不断地展示论据，并进行分析论证，结尾时回到开头的话题上来。这样结尾的软文多应用于议论性文章，能够让结构更完整，使得文章浑然一体，能唤起读者心灵上的认同感。

### 2. 画龙点睛法

文章开篇没有提出明确的观点，正文中用实例阐述现象，最后在结尾处用一句或一段简短的话明确点出文章的观点，起到提炼观点、画龙点睛的作用。这种方式的结尾能够帮助读者悟出全文的深意，提升软文的品格，从而给读者留下深刻的印象。

这种结尾方法经常采用先设疑、后解疑的方式，循循善诱，让读者产生豁然开朗、茅塞顿开的感觉，在潜移默化中接受软文对产品的推广宣传。

### 3. 名言警句法

用名言、警句、诗句收尾，要么让软文意境深远，要么揭示某种人生的真谛。它往往用三言两语表述出含义深刻、耐人寻味的哲理性或警醒性内容，使之深深地印在读者心中，起到"言已尽，意无穷"的效果。如《别让孩子输在起点》可以这样结尾：

凡事都有个起点，有个开始。好的起点，是成功的开始。古人云："千里之行，始于足下。"我们应该铭记这句名言，把握好孩子的起点！

又如《环保倡议》的结尾：

假如生命不再拥有绿色，我们为什么不行动起来，保护绿色，保护环境，让我们永远都拥有绿色？到那时，绿色才会高唱："我轻轻地来，正如你（沙漠）悄悄地走……"

### 4. 直抒胸臆法

用抒情的方式收尾，是要用作者心中的真情，激起读者情感的波澜，从而引起读者的共鸣，有着强烈的艺术感染力。这种结尾方式应用较广，可以用于写人、记事、描述物品的记叙性软文中，也可用于说明性、议论性的软文写作。如：

盈盈月光，我掬一杯最清的；落落余晖，我拥一缕最暖的；灼灼红叶，我拾一片最热的；萋萋芳草，我摘一束最灿的；漫漫人生，我要采撷世间最重的——毅力。

又如：

呀，多好的白衣天使啊！真是死神对你却步，魔鬼对你退避三舍呀！

### 5. 设置悬念法

结尾之处设置悬念，引起读者展开联想，由此及彼，由表及里，由小到大，由具体到抽象，使主题得到升华留白，让读者自由驰骋，纵横想象，这样的结尾会有令人惊奇的收获和非同寻常的深刻体验。韵味悠长的结尾除了妙手偶得之外，绝大部分都是对生活有了独特的感情后，再加以精心提炼形成的结晶。如《我该怎么办》的结尾：

面对不听亲人劝告，沉醉于围城的爸爸，面对天天消瘦下去，又孤独无援的妈妈，夹在中间，我该怎么办呢？

面对走不出围城的爸爸，面对孤独无援的妈妈，夹在中间，"我该怎么办呢？"问得好，问出悬念，问出联想，问出某种社会现象，让人思索，意义非同寻常。

### 6. 号召倡议法

在前文讲清楚道理的基础上，向人们提出某些请求或发出某种号召，如"让我们共同抵制公共场所吸烟的行为吧"。

#### 7. 文明礼仪法

结尾要讲究文明礼仪，获得读者的好感，使读者接受你所宣传的理念。可适当运用礼貌用语，可以站在第三者的角度对软文中的人或者事物表达美好的祝愿。如：愿天下有情人终成眷属；感谢你花时间阅读，如感觉文章不错，请动动您的金手指转发一下吧，谢谢。这样的结尾往往能收到良好的效果。

总之，软文跟其他文体一样，结尾的方法是多种多样的。选择哪一种方法要从整篇软文的谋篇布局来决定，只要能与开头、中间段落部分做到浑然一体的，就是好结尾。

## 五、软文撰写的禁忌

**案例思考**

在这个信息大爆炸的网络时代，软文显得更加不可或缺，其对品牌、销售、知名度等都能起到桥梁的作用。但是，软文不是简单地发布几篇文章，或者夸夸其谈，甚至直接复制发布等，如保健食品的软文往往夸大其功效，有时甚至误导读者耽误治疗，产生不良后果。这些都是撰写软文的大忌，如图5-5所示。

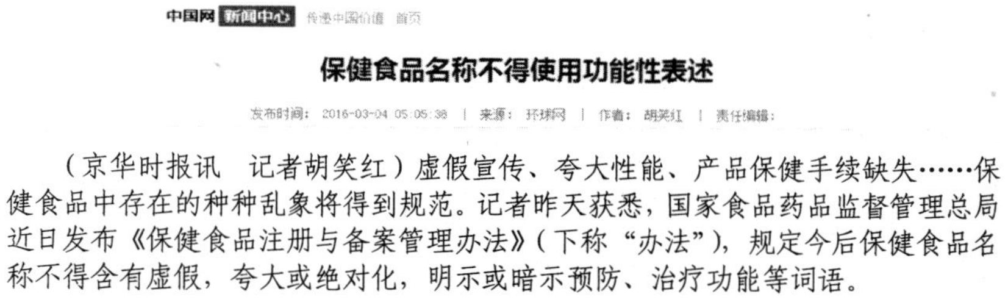

**保健食品名称不得使用功能性表述**

（京华时报讯　记者胡笑红）虚假宣传、夸大性能、产品保健手续缺失……保健食品中存在的种种乱象将得到规范。记者昨天获悉，国家食品药品监督管理总局近日发布《保健食品注册与备案管理办法》（下称"办法"），规定今后保健食品名称不得含有虚假，夸大或绝对化，明示或暗示预防、治疗功能等词语。

图5-5　保健食品名称不得使用功能性表述

思考：

软文撰写有哪些禁忌呢？

我们要善于把握客户的思想趋向，善于引导、说服或者引起用户的共鸣，并以此为切入点，展开写作将信息植入到用户的大脑，促使软文行动目标的实现。因此要充分考虑软文对于用户的"可接受性"。也就是说，软文一定要给用户一种"可信度"，切勿夸夸其谈。否则会适得其反，甚至会造成严重的后果。

总的来说，软文撰写要注意避免出现以下问题。

### （一）忌空洞无物

软文撰写忌空洞，无真情实感，因为有真情实感的文章，才能吸引人、感动人，才是好的软文。那么，怎样才能写出有真情实感的软文呢？

#### 1. 爱生活，留心观察

软文从一定意义上说属于文学作品，而文学作品是生活的反映。只有正确反映生活，反映世道精神的作品，才是好作品。写作最忌的就是空话、假话连篇，言之无物。要做到言之有物，就要热爱生活，关注社会，关注生活，留心身边的人和事以及热门的时事、政治等，多问几个为什么。如关注商场的商品，价格的变化，消费者的心声等。如果你做到了处处留心观察生活，思索生活，并把这些思索日积月累沉淀下来，这就是一笔可观的财富，一笔源源不断、用之不竭的写作素材，这样写起软文来就能有情有感，有血有肉，你也能享受到写作的快乐。

### 2. 读好书，写读书笔记

软文写作除了热爱生活以外，还要多读书。要力争博览群书，一遍又一遍，细细地、慢慢地吟味，并多做笔记。读书要做到三到即"眼到、心到、手到"。"手到"是关键，"手到"就是做笔记，把书中重要的话，或几句，或一小段，摘录下来，并写明出处，分类存放。读书做笔记，也是一种积累写作素材的好方法。

### 3. 手写我心，抒发真情实感

软文，要有感而作，有感而发。务必要用自己的笔，去表达自己对社会生活、企业产品、某种理念的所思所感、所倡导；务必要借景、借势抒情，付诸自己的真情实感，或寄情于产品，或托产品言志。

## （二）忌平铺直叙

想象和联想是写好软文的重要元素。如"0"，可以联想到与"0"相似的物体，如地球、月球、中秋月圆、亲人团聚、港澳回归等；又如"桥"，可以想象为建筑本身有形之桥和亲情沟通无形之桥。想象多了，联想丰富了，写作思路跟着就开阔了，久而久之，软文水平也就提高了。

软文写作，只要充满爱心，关注社会，关注生活，留心观察身边的事情，注意积累，并做到"我手写我心"，这样，写出来的就是有质量的好软文。

## （三）忌不尊重用户

前期调研和策划都做得不错，围绕软文的行动目标也做了深入系统的研究，这样写出有血有肉、生动传神的好软文不是难事。但是千万要重视用户，否则，软文写得再好也会很主观，不会有理想的效果。

软文写作要充分考虑到目标读者最关注的是什么，易于接受的传播方式是什么。各种描写都要有特定的主角，分清主要人物、次要人物，把握好写作详略的"度"。如进行故事描写，主角是谁？渲染的情感是什么？场面的氛围如何？对产品的体验如何？要有中心、有重点，喧宾夺主，会冲淡预定的效果，同时，也是对消费者的不尊重和不负责任，令人反感生厌。

其实说白了，软文就是要以用户为中心来写。写一篇用户喜欢的、易于接受的软文才是正理。不然你写得再好，不重视用户，一样收不到成效。

## （四）忌庸俗的文字表达

为活跃气氛，调节情绪，写作应有一些风趣、幽默的语言，适当地运用生活化口语也是必要的，但应切忌庸俗。如"你们看他像不像猪八戒？""这个活动好不好？"请大家鼓掌欢迎！"等，这些语言既俗气又僵化呆板，令人"倒胃口"。有些过分的恭维、夸张之词也要忌用，如对一些表演者动不动就冠以"著名的……""××家""××星"，会让人觉得太商业化了，表演者本不是什么"家"，什么"星"，也不著名，写作时却夸大其词会让读者反感。

### （五）忌标题庸俗

软文的标题是整篇软文的重中之重，用户看软文先看文章标题，之后便是习惯速览以下每段内容的标题。引起兴趣了才会去阅读内容。据权威调查数据表示：用户是否看某一个内容，70%是由大标题和小标题决定的。

### （六）忌拖泥带水

消费者一般没有耐心去看完一篇长长的软文。如果不能在短短几行字内就抓住用户的眼睛，那么后面的内容即使再精彩也毫无意义。所以，写软文一定要避免拖泥带水的习惯，最好用精练的语言一气呵成。

### （七）忌有头无尾

很多软文标题、内容、布局都很好，行动目标植入得也很好，美中不足就是没有结尾。就像是在高速上开车，车子跑得正起劲，突然就没路了。这样容易给读者留下莫名其妙的感觉。如果不能写出无结尾胜有结尾的境界，那么，还是精心地为文章续上合理的结尾吧。

总之，软文的撰写要言之有物，精心打造，不要千篇一律；必须要熟悉广告发布的相关法律、法规，不能与现行的法律、法规相抵触；切忌宣传口径不统一，尽量宣传自己的亮点，不诋毁其他竞品。

## 本章小结

软文写作是网络营销的一种重要手段和方式之一。本章主要介绍了软文的写作基础，开头、正文、结尾的写作方法以及软文撰写的禁忌，提升学生根据产品特点和企业文化内涵确定主题、筛选材料、组织架构、推敲文字的能力，潜移默化地将产品或理念输送到用户心里，使用户愉悦接受、认可推广的信息。

## 本章习题

1. 软文写作的定义？
2. 软文内容写作有哪些基本要求？
3. 软文开头的写法有哪些？试举例说明其中的一种。
4. 软文正文写作的基本要求有哪些？
5. 软文正文写作有哪些技巧？请举例说明。
6. 软文写作常用的结尾方法有哪些？
7. 软文撰写有哪些禁忌？

# 第六章 提高软文写作技巧

## 一、软文植入广告的技巧

**案例思考**

三国时,诸葛亮为了擒拿南王孟获,率军南征至云南西洱河,此地山岭险峻,道路狭窄,常有毒蛇出没,更有瘴气笼罩,蜀兵皆染瘟疫。关键时刻,一位老者献计:"此地有哑、灭、黑、柔四口毒泉,人马饮之,尽皆中毒,又瘴气密布,人若触之,无不患病。然此去正西数里,有一隐士,其草庵前有一仙草,名'黄龙爪',口含一片,百瘴不侵。"诸葛亮依计而行,果全军得以平安!他在征战胜利回朝后,查知"黄龙爪"其实就是家喻户晓的生姜,因为生姜似手,表皮赤黄,故称"黄龙爪"。而且经历代医药学家证明,生姜有祛风、解表、和胃、温经止痛等功效。

**思考:**

这个案例用诸葛亮南征孟获的故事进行改编,推广了生姜片的功效,只需在后面嵌入生姜类药物的名称,将会是一篇推广生姜医药的优秀软文。那么软文植入广告有哪些技巧呢?

### (一)善于利用标题

一篇好的文章如果能有一个好的标题,肯定能吸引住大家的眼球。因为用户看文章首先是看到标题,如果标题不能吸引用户点击的话,即使内容再好也会无人问津。写好标题可分为两个"派系"。

一种是"硬朗派",简单来讲就是标题开门见山表达整个软文要表达的内容。如:"加多宝连续多年成为凉茶行业领导者"这个标题充分表达了软文要表达的所有内容:品牌是加多宝,产品是凉茶,并且是行业领导者。

一种是"温柔派",标题不急于表达推广产品的意图,而是侧重于吸引读者看软文的欲望,在软文内容里对产品进行推广。如"19年的等待,一份让她泪流满面的礼物"这个标题会使读者情不自禁地猜想是什么样的礼物要等待19年还泪流满面呢,从而吸引读者继续读下去,然后在软文里面引出"礼物",也就是我们要推广的产品。

### (二)善假于物法

荀子说过:"君子生非异也,善假于物也。"意思是君子要善于利用身边的人和物。软文也应善于利用身边的人和物，借助一个伟人或者专家的一句话、一个观点更能得到读者的认同，但是使用这种方法一定要确保使用的观点是真实的、非恶意的。不然，很可能会受到法律的制裁。

## 案例分析

据专家透露：压力锅的正常使用寿命为八年，超过使用期限的压力锅会存在"爆锅"隐患！君誉推出以旧换新大行动，凭旧压力锅可打9折，期待您的参与。

案例里引用了专家的话，使"爆锅"隐患更具说服力，顺势引出产品推销活动，进一步吸引顾客购买。

### （三）故事引入法

这种方法一开始就围绕植入的广告编故事，一切都是以需要植入的广告为线索展开。故事性的软文能让读者记忆更深刻，这种植入尽管容易让读者意识到是软文，但是只要故事新颖，大胆创新，能让读者从中找到乐趣或者懂得一些道理，读者还是乐意看完的。

### （四）图文并茂法

好的文章要是配上一张好的图片，会让这篇文章更有色彩，很多时候读者正是由于图片的吸引而去点击软文的。但是配的图片一定要贴切软文的主题，否则会起到反作用，让读者大失所望。

## 案例分析

以下通篇就是以图片为主的表达方式的应用，讲述了主人公去西藏遇到的种种困难，凭借顽强的精神最后成功到达西藏的故事，让读者感同身受，如图6-1所示。

该文章以配图的形式形象生动地展现了西藏路上的种种困难，图片在讲述故事的同时也巧妙地展现了该汽车的车标，体现了该车的性能。

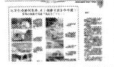

图6-1 某汽车软文

### （五）版权标记法

很多时候，我们发的软文可以不用费尽心思去考虑怎么在文章里面插入广告，只需在文章的最后加上版权信息即可。如：文章作者只需在文章下面加入"某某企业感谢你对本文的阅读，如果你对我们的文章满意，请关注我们的微信公众号，另外也可以在文章的下面加上文章的来源网址等信息。"

以上五种方法是写软文比较实用的、常见的技巧，但并不是说我们在写软文的时候要兼顾全部技巧，只需根据需要选用其中的一种或者几种技巧即可。

## 二、写作创意训练方法

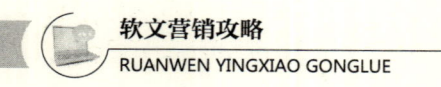

有一次，一位美国记者在与周总理谈话时，看到周总理办公桌上有一支美国的"派克"钢笔，他用带有讥讽的口吻向周总理发问："请问总理阁下，您也喜欢用我国的钢笔吗？"

周总理听了，笑着说："谈起这支笔来话就长了。这是一位朝鲜朋友的战利品，作为礼物送给我的。我无功不受禄，就拒收。朋友说，留下做个纪念吧，这是美军在朝鲜板门店停战签字仪式上用过的。我觉得这支笔很有意义，就收下了这支贵国的钢笔。"

记者无言以对，脸一直红到耳朵根子。

思考：

该文章在让国人心生自豪的同时，也留下了总理也用"派克"钢笔的印象。分析以上案例，你认为在软文写作过程中有哪些创意？

随着网络的发展，人们不再局限于电视广告获得产品信息，也厌倦了单调的电视广告，而且广告的费用高，所以现如今很多企业将软文当作必要的宣传手段。一篇有创意的软文往往能出奇制胜，获得意想不到的收获。那么软文怎么写才有特色，有创意呢？可以从以下几点去训练写作方法。

### （一）理解产品

任何一个产品都不可能尽善尽美，满足所有客户的要求，因此产品设计就会有不同的设计理念。在写软文之前必须要对产品进行一个全方位的调查，该产品的价格是多少，面向的人群、风格、定位、特色等信息都是软文写作的一个突破口。如产品是汽车，可以延伸的卖点有：汽车的价格、汽车的高科技配置、汽车排行榜、旅游故事等。观察思考不同产品的卖点，是软文写作思维训练的一种方法。

### （二）挖掘企业历史文化

软文写作往往涉及企业的文化或者产品的历史。如我们熟悉的酒，酒是越陈越香，越久越醇，一谈到酒，人们总是会不自觉地和年份挂钩。所以我们需要把产品和历史结合起来，赋予产品历史文化。

## 案例分析

### 采风宣城，了解千年宣酒文化

11月7日上午，与会代表先后走访了宣酒文化博物馆、安徽宣酒集团股份有限公司新厂区，了解宣酒生产过程，感受千年宣酒文化。这是继今年6月采风金湖后，南京都市圈党报联盟进行的第二次联合采访。

宣酒文化博物馆总面积1 300平方米，分为景观花园、主题陈列馆、酒道馆三大部分，展示、介绍了宣酒的由来和中国酒文化。据了解，宣酒与宣纸、宣笔并称"宣城三宝"，有记载的最早可追溯到唐代的"纪叟老春"。据史书载：大唐天宝年间，宣城盛烧酿之风，大小作坊100余家，其中以纪叟名盛。唐代著名诗人李白七上敬亭山，皆畅饮纪叟老春酒，可以说是善饮宣酒第一人。纪叟去世后，李白还写下一首五绝诗《哭宣城善酿纪叟》，足见纪叟与宣酒在李白心中的地位。

走进安徽宣酒集团股份有限公司新厂区，随处可见大大小小的酒坛，有的还排列成特定造型。在厂区酒仙湖附近，有一个高13.5米的酒坛，号称"天下第一坛"。一靠近酿酒的工作间，就可以闻到浓浓的酒香味，不胜酒力的人在里面走上一圈已处于微醺状态。

这篇新闻稿着重对宣酒文化做了报道，对于酒类企业来说，历史文化是永远谈不完的一个话题，多挖掘自身的历史文化，美化产品与企业，可以让品牌在不知不觉中深入人心。

### （三）借势而为

借势而为与"风口上的猪"理论相似，大意是说：只要风足够大，什么都不懂的猪也能顺势飞起来。软文营销也是如此，借助最新新闻事件这股风进行软文营销，成功借势，达到引起关注的效果。当然也可以借助名人效应和权威效应去做文章。所以我们平时应多注重新闻事件的收集归纳，提炼新闻关键词，让产品与事件关联起来。没有新闻可借势，在经费允许的情况下可以去请相关的名人吸引眼球。

## 案例分析

### 开放二胎，宝妈们还生的起吗？

我虽然生性开朗，对生活充满期待，有一个对自己很好的老公，有一个乖女儿，但是仍然感受得到生活的压力。我工资3 000多元，老公工资5 000多元，每个月还有2 000元的房贷，各种生活消费，特别是女儿的开销，一个月根本存下来钱。

现在国家又开放二胎政策了，婆婆想要个孙儿，我想让女儿有个伴，想生二胎但是现在这个情况又担心养不起。所以前段时间在考虑做点什么来挣生活费，研究做什么比较好又不用占用自己太多的上班时间，反正晚上老公也经常加班，自己在家可以打发时间。刚巧自己在君誉银饰店买了一两件银饰，他们的一个负责人加我微信说是要调查消费者情况（他们有顾客的资料）。我从他那知道了他们要招代理，问了老公的意见，自己也考察了觉得可以干，就开干了。到现在工作有一两个月了，真心觉得挣钱养二胎不容易，只是想再生个孩子，却被钱这个字给拖住，有多少宝妈也是这样呢？

文章巧借热门的开放二胎政策这个新闻话题引出自己生活的不易，然后顺带提了自己做银饰代理的事情，推广了自己的品牌。

## （四）制造新闻事件

如果没有新闻事件和产品对接，我们可想方设法制造一些新闻事件。我们平时在写软文时不妨多留意一些事件的发生、经过、结果等，这能帮助我们产生制造新闻事件的灵感。值得注意的是，制造的事件不能传播负能量，更不能去诋毁别人的产品。应做到：①选择公众的兴趣点，也就是社会热门话题。策划媒介事件要与热门话题贴近，才容易引起公众普遍的关注，达到良好的宣传效果。②形式新颖。只有构思新颖、独特的事件，才能引起记者的注意，在公众中产生强烈效应。③事先进行充分的舆论准备。新闻事件的持续时间一般都不很长，要使它产生较为久远的影响，关键在于事先进行充分的舆论准备。④选择恰当时机。在选择时机时，要善于捕捉随机事件，也就是要善于"借势"，借某种社会性的热点活动来扩大本组织的影响。⑤制造新闻事件要自然得体。

## （五）学会讲故事

讲故事是人们最容易接受的广告方式之一，故事性的软文能让读者记忆更深刻，只要故事足够吸引人，即使出现明显的广告成分，也不至于引起读者的反感，而且读者还会乐意看下去。

## 案例分析

### 唐伯虎开药方

有一日，明代大才子唐伯虎应邀到祝家饮酒，闻后院小儿哭声不绝，唐伯虎惊问主人祝枝山："贤侄为何如此啼哭！"

祝枝山不由一声长叹："唉！实不相瞒，三天前，小儿腹胀如鼓，小便不利，连请几位郎中治疗均未见好转。"唐伯虎略一沉吟，说："不妨，待我试试"。说罢，取过笔墨纸砚，立刻开了一张药方。他叮嘱："速将此物选三个大的，用同一个白共同捣碎，然后敷于患者脐部，不几天就会好的。"祝枝山接过药方，只见上面题着一首诗谜：

"尖顶宝塔五六层，和尚出门慢步行。一把圆扇半遮面，听见人来就关门。"

祝枝山看了微微一笑，提笔在诗的下脚注上两个字："田螺。"叫家人按方抓药，遵照唐伯虎的嘱咐医治，果然，不到两天，小儿便饮食如常，康复如初了。原来唐伯虎开的药方正是田螺。

田螺亦称黄螺。它不仅味道鲜美，营养丰富，而且经历代医药学家证明，可以治疗小儿鼓胀病、痔疮、小便不畅等多种疾病。磨成田螺粉，更易小儿吞服食用。

上例以唐伯虎开药吸引读者，之后将产品田螺粉以医药学家的口吻提出，降低了消费者的抵触心理，从而宣传了自己产品的功效。

## （六）适当曝光内幕

内幕类软文写作以揭示某个行业或者产品鲜为人知的内幕来吸引读者的眼球，可以获得强大的点击率，但要注意，曝光的内容不宜是产品负面的内容，也不能以诋毁竞争对手为目的。

## 案例分析

**硅藻泥缺点内幕大曝光**

硅藻泥,因其优良的环保性与功能性而备受消费者的喜爱,成为家居涂料界的黑马。然而有些消费者会产生这样的疑问:"金无足赤,人无完人,硅藻泥有哪些缺点呢?"现在,我们就来曝曝硅藻泥的缺点,看看硅藻泥的"三宗罪"。

1. 单次涂装价格相对较高

硅藻泥产品受原料、技术以及施工成本的制约,单次涂装价格相对较高。即使随着科技的进步,有了兰舍"平涂"技术的突破,打破了硅藻泥原有的施工瓶颈,价格更加亲民,但与传统涂料乳胶漆、壁纸等中低端产品相比,价格上仍不占优势。

如果要从长远考虑来"算大账",硅藻泥有20年左右的超长使用时间,是壁纸或乳胶漆的3~5倍,整体算下来,还是硅藻泥性价比更高。

2. 施工要求高

硅藻泥与乳胶漆或壁纸不同,对施工要求高,需要经过专业、系统的培训并具备实际涂装经验的施工师傅才能打造出个性美观的硅藻泥墙面。因此,如果选用硅藻泥装修,应该选择大品牌且有专业的施工团队,或是去小区邻居家实际走走,看看最后的装修质量与施工团队的整体素质。

3. 不宜网购

硅藻泥这一类需量身定做且施工技术要求较高的产品并不适宜网购。一方面消费者难辨真假,网购的硅藻泥品质难以保证;另一方面,硅藻泥需要专业的施工人员,网店不可能派专业团队上门装修,自己施工或随便找人施工,施工效果难有保障。

文章以曝硅藻泥内幕为题,吸引了相当多的点击率。而且吸引了很多想了解内幕的人群,但是来了解内幕的人反而更坚定了硅藻泥的功效,是一篇成功的软文。

### (七)小恩小惠

小恩小惠指的是充分利用消费者爱占便宜的心理适当施以小恩小惠来利诱消费者。如在网络论坛上有一篇经典的网络软文营销案例——《吃垮自助餐厅》,通篇软文讲述了从进自助餐厅开始吃食物的顺序,从而能吃到更多食物。在网络上一经投放吸引了众多想尝试这种方法的顾客,结果增加了自助餐厅的人流量,反而使得自助餐厅的生意更好了。值得一提的是,用这个创意的时候一定要有充分的计划,千万不可低估消费者的消费能力。

### (八)寻找对手

对于中小企业来说,各自的产品都有各自的特点,针对的客户群也大不相同,通过引入竞争者可以激活市场活力。通过两个产品之间的对比,不但能提高双方的知名度,还能让消费者看清自身的需求,更坚定地去购买相应的产品,从而达到了两个企业间的共赢。但是有一点必须要注意,对比对手在软文中一定要客观,不能恶意贬低对方。

### (九)情感营销

情感营销就是把消费者的个人情感差异和需求作为企业品牌营销战略的情感营销核心,通过借助情感包装、情感促销、情感广告、情感口碑、情感设计等策略来实现企业的经营目标。

消费者对生产企业"王婆卖瓜、自卖自夸"式的广告已经有了自我辨别能力。而人情味十足的广告,通常使产品形象上升到一个全新的高度,也自然融解了消费者对广告的本能抵触。消费者首先是感动和情感共鸣,继而引发现实的或潜在的消费需求,经营者便在顾客的情感体验和满足中达到自己的目的。常见的情感软文如"小草在睡觉,请您别打扰"对比"请勿践踏草坪"要委婉亲切得多,而且实践证明也更加有效。

### 三、增强软文说服力的技巧

**案例思考**

一位先生领着太太来到一家珠宝店。太太惊呼一声,原来她发现了一枚很大的钻戒,非常漂亮。两个人欣赏完这枚价格不菲的钻戒,先生的脸上微有难色。销售员很轻快地报了价,紧接着说:"这枚钻戒曾经被某大国的总理夫人看好,只是因为有点贵他们没有买。""是吗?"那位先生的眼睛立刻睁大了,"竟然有这样的事情?"先生问。销售员简单地讲了那天总理夫妇来店的情景,先生饶有兴趣地听完,脸上的难色一扫而空,又问了几个问题,很痛快地买下了这枚钻戒,脸上尽是得意之色。

**思考:**
分析以上案例,你认为怎么才能让顾客心甘情愿地买下产品呢?

说服力就是指说话者运用各种可能的技巧去说服受众的能力。软文说服力就是指软文要达到这样的一种说服能力去影响受众的心态和引导受众的行为。那么如何达到增强软文说服力的效果呢?还是要从我们的说服对象出发,去做深入的研究。我们的说服对象就是消费者,消费者和我们说服者本身一样都是人,而人都会有需求。根据马斯洛需求层次理论,人有以下几个需求点:生理需求、安全需求、社交需求、尊重需求、自我实现需求。所以我们的软文可以从这几个方面去挖掘研究。

#### (一)生理需求

生理需求是人们最原始、最基本的需求,它包括人的吃穿住用行等。所以很多软文就和人的生理需求有效地结合起来从而从很好地打动客户。如:"腰不酸了腿不疼了,一口气上五楼,嘿,不费劲儿!"这句新盖中盖高钙片的广告词充分满足了老年人在年老力衰时候对生理的需求心理,如图6-2所示。

图6-2 钙片广告词满足老年人需求心理

## （二）安全需求

当生理需求得到满足以后就要保障安全需求。每一个在现实中生活的人，都会产生安全感的欲望、自由的欲望、防御实力的欲望。把产品的功能和安全感结合起来，也是说服客户的一个强有力的方式。如：说到汽车的安全性能，很多懂车的人士会很快就联想到沃尔沃汽车。这是因为在沃尔沃汽车的对外宣传中始终围绕着安全这一特性。在竞争激烈的汽车市场，没有特点是很难有竞争力的。安全性突出，无疑是一个很好的宣传手段。沃尔沃就以安全性为口号展开了汽车营销，很好地满足了人们对于行车安全的需要，如图 6-3 所示。

图 6-3　沃尔沃突出安全科技

## （三）社交需求

社交需求也叫归属与爱的需求，是指个人渴望得到家庭、团体、朋友、同事的关怀、爱护、理解，是对友情、信任、温暖、爱情的需求，是一种自我价值实现的满足感。把软文与社交需求结合起来会有意想不到的效果。如：威力洗衣机曾经是 20 世纪 80 年代的行业霸主，在当时很多洗衣机厂商还在广告里大肆宣传"大容量、不缠绕、省电、节水"的时候，威力洗衣机已经开始打亲情牌了，那句"威力洗衣机，献给母亲的爱"的广告语深深地激发了当时人们的孝心，心甘情愿地为亲情买单，如图 6-4 所示。可以说威力洗衣机之所以盛行一时，很大一点是因为满足了人们孝敬父母的价值感。

图 6-4　威力洗衣机亲情式广告

## （四）尊重需求

尊重需求是指个人得到他人的尊敬认同。这种需求的满足，会使人充满幸福感和愉悦感。把软文与尊重需求结合起来同样能使客户的愉悦感得到满足。如：金利来的广告语，"金利来领带，男人的世界"为金利来领带树立起了华贵、高级、唯我独尊的形象，吸引了众多消费者的青睐，如图 6-5 所示。

图 6-5　金利来宣传海报

## （五）自我实现需求

自我实现需求是指实现个人理想、抱负、发挥个人聪明才智的需求。怎么结合自我实现需求设计软文打动消费者呢？我们可以从"动感地带"的广告中寻找答案。如果问起"动感地带"的广告，相信很多 80 后、90 后会脱口而出："我的地盘我做主！"对于处在青春期的青少年来说，他们更多的时候心理上渴望享有成年人的权利，所以当周杰伦的广告演出配合"我的地盘"的广告歌唱响了大江南北后，给青少年充满激情的心注入了一种体现自我的力量感，从而深深地影响着当代青少年的心，如图 6-6 所示。

图 6-6　动感地带宣传海报

写软文要考虑的出发点是一个产品不能只从一个心理需求出发去写。以汽车产品为例，有些汽车主打舒适，如东风日产；有些汽车主打安全，如沃尔沃；有些汽车主打尊贵，如宝马；有些则是主打性价比，如比亚迪。所以写软文的时候要充分结合产品的特性，只要人的心理需求被激发放大，就能使消费者的心理在不知不觉中为我所用。

## 本章小结

本章介绍了软文写作的一些技巧,然而要写好一篇成功的软文除了要具备好的技巧外,还需要一定的文字驾驭能力。这种能力的培养需要通过长期的写作训练及不断的社会阅历积累。多多接触不同的人事物,开阔自己的眼界,多了解各个行业,有灵感时要养成随时记录的习惯。同时还应该阅读各种书籍,吸收知识,培养语感。文章要求文字通俗易懂,但也不可过分口语化,否则文章总体就会缺少美感,无法吸引看客的眼球。

## 本章习题

1. 软文植入广告有哪些技巧?
2. 制造新闻事件的时候要注意哪些问题?
3. 人们对产品都会有哪些方面的需求?

# 第七章 速写各类软文

## 一、产品类软文的速写

**案例思考**

在华为荣耀 7 的发布会上,华为荣耀总裁赵明将华为荣耀 7 独创的智灵键形容为"一颗改变世界的按键"。一句短小精湛的评论,引起消费者强烈的好奇心以及购买欲望。

图 7-1 华为荣耀 7

思考:

分析以上案例,你认为应该如何撰写一篇成功的产品类软文?

### (一)产品类软文的概念

产品类软文分为两类,第一类是为了给品牌做公关,不宣传具体的产品;第二类是希望通过软文销售具体产品。给品牌做公关一般是个漫长的过程,一两篇软文是无法达到效果的,因此,应重点关注网络上最常见的第二类软文。

产品类软文主要具备以下三个元素。

#### 1. 生活化场景

生活化场景是指从产品的使用情境出发去构想故事背景,让消费者或产生兴趣,或感同身受,或心生向往。在体现生活化场景时,要贴近产品特点。如在做手机产品类软文时，在软文中插入"锁屏""支付""充电"等每个消费者使用手机的常见问题，使软文贴近生活。对于游戏玩家来说，生活化场景就是游戏中的某些具体体验；对于化妆品、保健品用户来说，生活化场景可能是自己对产品的体验，也可能是把产品当作礼品送给别人的经历。

### 2．产品软文的主题

主题不一定是具体的事情，可能是一个方向或基调。在华为荣耀7的案例中，主题就是它独创性的智灵键，这样的软文往往最能引起消费者的关注与消费。除此之外，有些产品软文主要内容是讲亲情、爱情、友情的情感纠葛，这样的产品软文的主题就是"情感"；而有些产品软文主要讲人生、旅行、寻找自我的经历经验，主题可能就是"选择"或"梦想"。针对不同的消费群体选择合适的主题是一篇成功产品软文的基础。脑白金的软文着重以"年轻态"为主题，很好地把产品概念做了宣传，逐步让读者认同，如图7-2所示。

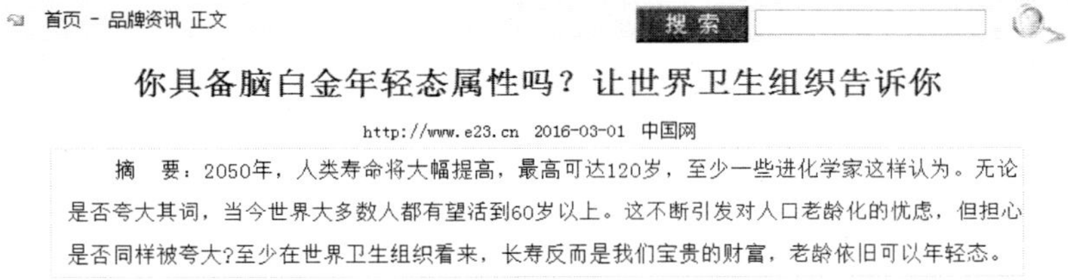

图7-2 脑白金软文

### 3．产品软文的核心点

产品软文的核心点往往是指引起消费者关注的"痛点"或"娱乐点"，满足消费者内心的各种需求。在华为荣耀7这个案例中，这个核心点就是智灵键。智灵键的独创性能迅速博取消费者眼球。通常，产品软文的核心点决定了该软文是否能够被广泛接受、喜欢和传播。这也是最考验作者实力的一个元素。

除了以上三个元素外，还有一些需要注意的地方。一个是软文所宣传的产品的特征，一定要描述清晰。如华为荣耀7的案例，软文里详细地解释了荣耀7手机所具备的功能，如语音唤醒功能、黑屏唤醒打电话、默认语音唤醒语自定义等，清晰地记录了该手机的使用方法，增强了说服力。再一个是对细节的完善，使每一句话都暗含对产品的宣传，使消费者对产品有进一步了解的兴趣。

## （二）产品类软文的特点

### 1．标题具有强烈的冲击力和穿透力

标题是软文的高度凝练概括。一般产品类软文标题都有较强的冲击力和穿透力，只有标题被消费者认可，才能吸引消费者日趋挑剔、高贵的目光，才能让消费者接受产品内容成为可能。因此，产品类软文的标题一定要精心设计，找到一个让读者感兴趣的标题至关重要，引导读者一步一步读下去，让读者乐于接受软文传达的信息。

### 2．主题高度明确、集中

撰写产品类软文一般要有非常强的针对性，特别强调要有一个明确的主题。如果是促销档期的软文产品，往往与促销主题密切配合，促销产品类软文的主题明确、集中，要最大限度地引起读者兴趣。东风小康海马汽车以世界杯为主题推出的促销软文如图7-3所示。

sina新闻中心 新闻中心 > 正文

激情世界杯 豪享六重礼 东风小康海马汽车顶级促销

2014年06月04日03:09 东方今报 微博 我有话说(1人参与) 收藏本文 A⁻ A⁺

四年一度的巴西世界杯即将来临，为了迎接这空前盛大的足球运动，紫星汽车携旗下东风小康、东风风光、海马汽车三大品牌邀大家一起畅享激情世界杯，不管您是支持巴西还是阿根廷，不管您是喜欢塞萨尔还是杰弗森，都没有关系。紫星汽车将为您准备丰富的现金优惠和精品礼包，到店参加足球游戏互动，和我们一起感受激情世界杯氛围。

有了顶级的足球赛事当然少不了顶级的优惠促销。活动期间在紫星汽车购东风风光最高可享现金钜惠5000元，享受特价4.98万元；东风小康K17享特价2.59万元；海马汽车丘比特也推出限量特价4.99万。

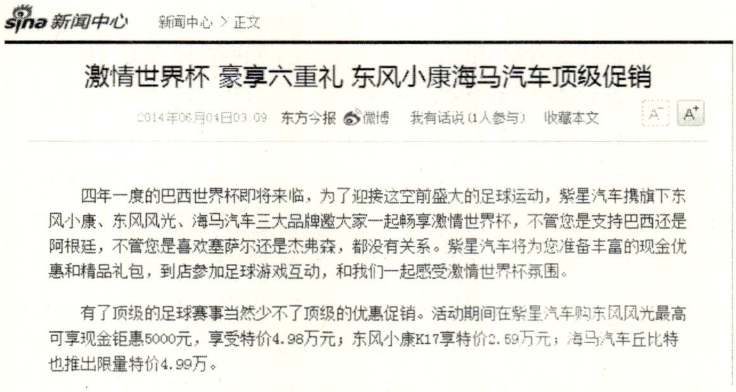

图 7-3 海马汽车促销软文

**3．内容具有新颖性、可读性、趣味性、知识性**

软文在写作上并不拘泥于形式，但是任何软文如果没有吸引读者的阅读欲望，不能捕捉到读者猎奇、求知、愉悦的心态，就很难勾起读者的兴趣。产品类软文在分析产品目标消费群的消费心理、生活情趣后，往往投其所好，增加其可读性、趣味性、知识性。内容切忌一厢情愿地陈腐说教和枯燥的专业阐述，否则，轻而言之是制造产品垃圾，重而言之会适得其反，伤及企业形象。

### （三）产品类软文写作技巧

产品类软文通常是由企业的市场策划人员或产品公司的文案人员来负责撰写，他们通常有“产品易做，软文难求”的感慨。因为产品类软文不是文学创作，它更多地是关注、把握消费者的理解方式，然后进行撰写，因此不仅要求撰写人员要有非常高的写作技巧，还要有很强的市场销售意识。实践证明，产品类软文对产品促销活动的立即销售及提高品牌知名度都起到至关重要的作用。因此，许多大企业如格兰仕、海尔、奥克斯等企业已经流水线“生产”产品类软文。写好一篇产品类软文需要具备以下技巧。

**1．做好调研，定位清晰**

在撰写产品类软文之前一定要先做好前期的市场调研，了解产品在市场上的消费者层级，确定该消费群体的关注点、对产品的认知度等。在调研的基础上，认真找准产品定位，了解产品的相关信息，才能撰写出符合消费群体趣味点的软文。如写一篇关于鞋的软文，就必须了解、挖掘古典的、时尚的鞋履文化，皮料的特点及工艺艺术知识等。

**2．有创新性，文案出色**

撰写一篇产品类软文一定要新颖、富有创意。如果只是平铺直叙地把产品的材料、特点、功用在软文中体现，很可能引起读者的反感，从而不能认同该产品。因此，在撰写时一定要有创新之处，如结合当下时事或热点不经意间点出产品，会取得意想不到的效果。同时，一篇好的产品类软文一定要搭配一份出色的销售推广文案，选择与文案相匹配的表现形式，这样表现软文主题的效果会更好。

**3．语言丰富，文笔扎实**

撰写一篇产品类软文要具备扎实的文字功底，较强的驾驭文字能力。这样写出来的软文才能在第一时间吸引读者的注意。同时，要求撰写者阅历广泛，语言丰富，让读者能迅速从

软文中获取主要的产品信息，如产品特征、设计理念、功用等。

（四）撰写产品软文的注意事项

1．不能与现行的法律、法规相抵触

软文撰写者必须要熟悉产品发布的相关法律、法规，发布的产品要以不能与现行的法律、法规相抵触为前提，以免受到相关执法部门的查处，甚至引起官司缠身。研究相关法律条款，可以使你在创作软文时更加张弛有度。

2．切忌宣传口径不统一

软文产品应统一由企业总部市场部或企划部统一把关，以免二级代理公司或驻外机构在执行软文产品发布时宣传口径不一，直接影响产品效果。

3．切忌诋毁其他竞争产品

撰写软文时尽量只宣传自己产品的信息，而不批判其他同类型的产品。如果刻意诋毁其他竞争产品，很可能引起消费者的恐慌和反感，反而不利于企业或产品推广宣传。更不能充当害群之马，惹得同行群起攻之，没有立锥之地。

4．切忌软文随意投放

产品类软文并非越多越好。要想树立企业形象和促进产品销量，软文类产品的投放一定要准确，有目的性，切记不可随意投放。同时，撰写软文要言之有物，精心打造，不要千篇一律，这样才能吸引读者。

## 二、行业类软文的速写

**案例思考**

全国专业技术人员评职称可能都会遇到这项"拦路虎"——职称英语。作为英语培训机构的新东方集团，在广告软文中打出了"直击70分"的口号。

图7-4 新东方广告

思考：

分析以上案例，你认为如何才能撰写一篇成功的行业类软文？

### （一）行业类软文的概述

行业类软文，即面对某个行业内人群的软文，此类文章的目的通常是扩大行业声誉，打造行业品牌。

行业软文覆盖面很广，包括房地产、服务业、服装业、食品业、旅游业等。要想写好行业软文，需要花费大量的时间和精力。首先要了解写作软文的目的和要求，这样才能够有针对性地去找相关的资料；其次，要尽量多地了解行业相关的资料，这样才能够心中有数；最后，要组织好关键字和文字。

以下总结了一些比较适合做软文推广的行业。

#### 1．教育培训行业

教育培训行业的产品服务复杂，虽然广告可以吸引人的关注，但是难以将具体的服务说清，而软文本身具有信息量大、可持续推广的自身特点，有利于教育培训行业的宣传推广。如新东方教育、天道教育、东方国际留学等权威教育机构都采用软文进行营销。

#### 2．医疗保健行业

医疗保健行业的推广渠道较为匮乏，行业秩序稍差。一些医疗保健企业的营销手法往往过于简单，如发放传单等。因此，医疗保健行业亟须利用软文这种信息量大的媒体来传播其服务价值。

#### 3．电子商务行业

电子商务行业是基于网络的销售平台。行业的特殊性决定其更适合于网络新闻软文这种宣传直接、针对性强的营销方式。同时，作为销售平台本身，电子商务企业需要与用户之间建立信任感，这种信任感靠广告是难以做到的，还是需要借助以软文营销为首的口碑营销。

#### 4．信息技术行业

信息技术行业一般推出的都是新产品，这种产品能解决用户的什么需求，能给用户带来什么样的新体验，这是传播的核心内容。这些问题如果不借助新闻软文，可能很难用一句话表现出来。

#### 5．理财投资行业

理财投资是目前人们关注的一个社会热点，当下消费者的众多资产面临严重缩水的情况，而理财投资软文正好可以引导用户了解企业的理财投资产品，清晰地阐述投资技巧和理财思路。

#### 6．娱乐行业、艺术圈

明星、艺术家是一个特殊群体，在娱乐行业或艺术圈，知名度、名气就是价值。他们在成长期的关注度对他们的影响十分明显，宣传是否到位对他们的发展起着决定性的作用。一般明星都有自己的企划宣传人员，专门策划以及发布软文，以增加明星的知名度。

### （二）行业类软文的特点

#### 1．以行业规则为基础

行业类软文主要以行业的特点和优势为基础进行撰写。只有了解行业的相关规则和行业特性，撰写的软文才会"有血有肉"。如果脱离行业，胡编乱造，就容易误导消费者，产生一些不良影响,最终损害企业形象。如某保健品宣称具有治疗病症的效果,这则软文涉嫌违法,因为保健品行业不同于药品行业,不应该体现治疗作用。因此,在撰写软文时一定要对行业规则有所认识和了解。

### 2. 要体现行业特性

一篇好的行业类软文一定要体现该行业的特性,紧扣消费者的思维,从消费者最关注的行业话题入手为其解惑。如红酒行业,很多消费者关注的是年份、产地或美容效果等,如果以这三个为切入点就很容易获得高的点击率,如图7-5所示。

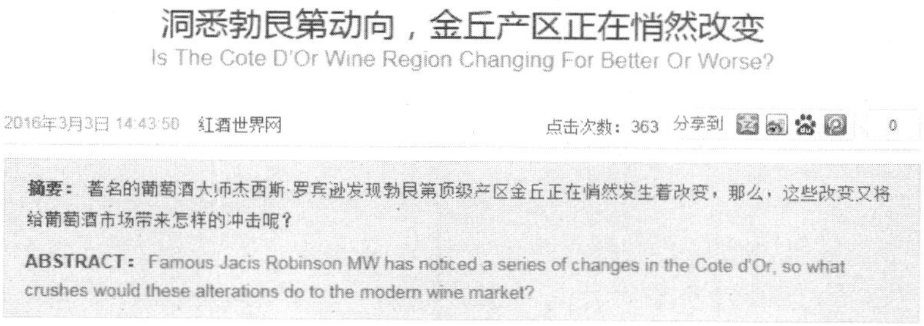

图7-5 红酒行业软文

### (三)行业类软文的写作类型

行业类软文的主要目的是树立产品或企业在一个行业的品牌形象。如一个网站或是博客的品牌形象和行业地位将直接影响其核心竞争力,甚至会影响相关用户的选择。当客户投放广告时,一定倾向于选择那些行业知名度高且具有一定影响力的网站或博客合作。根据写作的切入点不同,行业类软文分为以下五种类型。

### 1. 经验分享类

此类文章以传播知识与经验为主,经常以第一人称讲述,在分享经验的同时给予读者知识,帮助读者解决问题,逐一解决读者有困惑的地方。一旦读者接受了指导和帮助,就容易向身边的朋友、同行去推荐阅读,从而慢慢积累知名度,影响力也就逐渐建立起来了。

### 2. 观点交流类

如果说经验分享类文章是以知识服众,那么观点交流型的文章就是以思想取胜。相对于前者来说,此类文章更好写。不需要有太多的经验,只要有思想,善于思考和总结即可。此类文章通常以独到的见解、缜密的分析、犀利的评论为主,让读者从心理上产生共鸣,发自内心地认同文章观点,继而建立品牌地位和影响力。

撰写此类文章可以围绕某篇具体的文章进行评论,对它的内容加以点评、修正与补充,在不存在逻辑错误的前提下整理成一篇新文章。

### 3. 数据分析类

无论哪个行业都需要行业的调查数据、分析报告、趋势研究等资料,有些行业报告甚至千金难求。若企业有条件进行一些分析调查、数据研究等工作,或是有条件得到一些独家的资料,可以发布一些基于这些数字、报告的软文,这样的软文很容易受到读者的欢迎。

### 4. 人物访谈类文章

对于不擅长写作的人来说,可以以"人物访谈"为切入点撰写软文。简单地说,就是针对行业内的名人进行访谈,然后将访谈内容整理成文章发布。这样做的一个好处是,不需要组织大量的内容,只要邀请访谈嘉宾,准备好问题即可,甚至问题都可以让读者帮忙想。邀请行业内知名人士,主要可通过个人博客、微博、微信、QQ 等互联网平台与之联系,虚心学习交流,然后再进行访谈。

### 5. 第三方评论

第三方评论容易让读者信服。因为如果让在业内具有一定知名度和影响力的名博、名人等第三方评论发布软文,更易让读者产生认同感。

## 三、用户类软文的速写

**案例思考**

迪拜有个七星级酒店,这个酒店建在一个人工岛上,外形酷似帆船,一共有 56 层,321 米高。这个酒店 2007 年重点开拓中国市场之时,并没有投入一分钱广告费,只是在国内的几家媒体做了几篇系列软文。其中一个就是在新华新闻网上刊登的"迪拜七星级酒店六成中国客 消费能力让人吃惊(图)"标题的软文(见图 7-6),结果帆船酒店成了国内富商、明星等争相参观的景点及入住的首选。

图 7-6 迪拜七星级酒店

思考:

分析以上案例,你认为该如何才能撰写一篇成功的用户类软文?

### (一)用户类软文的概念

用户类软文指的是针对最终的消费者或者产品用户而撰写的软文,其主要作用是增加产品在用户中的知名度与影响力,赢得用户的好感与信任,甚至引导用户产生消费行为。用户类软文的表现形式因为产品的多样性而种类繁多,但是不管是哪一种表现形式,最基本的原则只有一个:以用户需求为主,能够为用户提供价值。

## （二）用户类软文的特点

用户类软文主要从用户方面去考虑什么架构容易阅读，哪些内容容易吸引客户的眼球，体现在以下三个方面。

（1）字体和版面设计能够激起读者的阅读欲望，操作简单易懂。

（2）充分体现消费群体的阅读习惯。

（3）贴近受众群体的相关喜好。

## （三）用户类软文的写作类型

用户类软文的表现形式多样，根据具体表现形式和手法的不同，其写作类型主要有以下五种。

### 1．知识型

随着互联网的深入人心，消费者越来越喜欢上网获取信息、学习知识。知识型软文以传播与企业产品相关的知识为主，在传播知识的同时将产品信息有机结合。

互联网领域中，IT 行业最喜欢用此类软文进行推广，打开各大 IT 门户的软文频道，相当一部分文章都属于此列。如《巧用网络加速工具 加速网页浏览》，这篇文章表面上是在介绍如何增加网页浏览速度，实际上是推广某款网络加速工具。但是普通用户看了后根本看不出该文的真实意图，甚至还在为又学会了一个应用技巧而兴奋，无形中推广了该产品。

### 2．经验型

经验型软文指的是利用互惠原理去影响和引导用户。像一些美容保健类产品，就喜欢采用经验型的软文营销。如对于"我是如何从××斤减到××斤""我是如何在×个月内减掉××斤的肉肉"这样的标题文章，广大爱美女性和肥胖人士是无法抗拒的。如果内容上再真实、实用一些，然后把要推广的信息巧妙植入进去，会具有很好的营销效果。

### 3．娱乐型

对于读者而言，具有娱乐内容的文章更容易让人有兴趣去阅读。如果只是很枯燥地以一个用户的角度把对产品的体验讲述出来，并不太能引起读者的共鸣。加入一些有趣的或娱乐性的文化，会让读者更愿意接受。

## 案例分析

网络上曾经有一个比较出名的经典笑话，标题叫"一只狮子引发的血案"（或"一只狮子引发的离婚案"）。正文大意为：有一个男人出差在外，提前回家，想给老婆一个惊喜，结果在家门口听到屋内有男人打呼噜的声音。男人默默走开，发了个短信给老婆："离婚吧！"然后扔掉手机卡，远走他乡。3 年后他们在一个城市再次相遇，妻子问："当初为何不辞而别？"男人说了当时的情况。结果这次妻子转身离去，淡淡地留下一句话："那是瑞星的小狮子。"

这篇小短文虽然篇幅不长，内容也只是编撰的一个笑话，但却幽默十足且贴近生活，让大家在开心之余深深记住了瑞星这个名字，并且通过 QQ 群、论坛、博客等将它传播了出去。

### 4. 争议型

争议型的软文借助网络热点话题或人物，引发读者的关注和讨论。如果软文内容有足够大的争议，能达到非常好的营销效果。这个争议可以是纯粹的话题争议，也可以是事件争议或是人物方面的争议，如凤姐、小月月等的出名，很大一部分原因是因为其太富有争议。因此，可以说"争议"是网络营销中最大的卖点。

### 5. 爆料型

爆料型软文指的是从用户的角度，爆料企业或产品的一些信息，从而引起读者的强烈兴趣。因为是以用户的角度写，所以容易让读者有同理心。同时，这类软文满足了读者好奇、探秘的心理，往往有很高的点击率，如论坛中有关曝光、揭秘字眼的帖子，一般都具有较高的点击率。因此，如果从用户的角度以爆料为切入点去写，可以让用户积极主动地接受文章中要传递的信息。

## 本章小结

本章主要介绍了产品类软文、行业类软文及用户类软文的定义、特点、类型及技巧，结合案例分析，读者能够迅速掌握这三类软文的速写。

## 本章习题

1. 产品类软文的特点是什么？
2. 行业类软文的写作技巧有哪些？
3. 用户类软文主要有哪些类型？

## 知识拓展

### 软文的五要素

一篇软文通常包括五个要素：对谁说、说什么、如何说、何时说、何地说，五项要素缺一不可。

（1）对谁说：软文的目的就是把要表达的信息传达给目标受众，因此对谁说就是锁定要传达的对象。

（2）说什么：就是把要表达的概念、核心思想或信息准确地说出来。

（3）如何说：就是准备通过何种表达方式将你的思想有效地传递给目标受众，让其在潜移默化中接受你的引导。"如何说"是软文写作五要素中最重要的一个环节，直接关系到软文质量的优劣。

（4）何时说：选择什么时候投放软文。虽然投放软文是一项长期不断的宣传策略，但事实上在投放时段上还是有一定的技巧性。

（5）何地说：就是选择在什么样的媒体上投放。每一种媒体都有自己的定位，有自己的特定阅读群体。

# 第八章 初步实施软文营销

## 一、软文营销操作步骤

**案例思考**

**童颜皇后分享美肤秘诀打造完美肌肤**

很多女性对有着不老容颜的女星们羡慕不已。那么,女星们的美肤秘诀、战胜岁月挑战美丽极限的方法到底是什么呢?

比起化妆遮盖,从根本上拭掉岁月痕迹更为重要。至关重要的步骤在于洁面补水。另外一个重要步骤,便是眼部护理。若眼袋发黑松弛,会让整个脸部看起来十分暗沉,从而给人留下无精打采的印象。

为了预防黑眼圈的生成,首先要保证一天至少饮用 2L 以上的水,促进身体的新陈代谢,或者也可以通过食用西兰花、三文鱼来补充营养。但是,若想要更快地看到效果,就需要使用美白产品来进行护理。

娇伊菲(G.I.B) Wrinkle Free Caviar 眼霜,含维生素和蛋白质较为丰富的鱼子酱提取物,对防止老化有着卓越的效果,具有亲和力以及吸收功效,可以抑制眼部皱纹的产生。该款眼霜包装轻巧,便于携带,可随时随地对眼部皱纹进行管理。

**思考:**
分析以上案例,你认为软文营销的操作步骤有哪些?

软文营销是生命力最强、最有技巧性的一种广告形式,同时也是网络时代最受欢迎的营销方式之一。那么如何才能实施软文营销呢?软文营销是一个完整的流程,它包括调研、策划、撰写、发布和评估。这五个流程环环相扣,缺一不可。

### (一)调研

俗话说:"知己知彼,百战不殆。"软文营销是营销行为,做市场调研是非常必要的。如果想妙笔生花,让软文实现一字抵万金的效果,就必须要调研。所谓市场调研,是运用科学的方法,有目的、有计划地收集、整理、分析有关供求、资源的各种情报、信息、资料。它是把握供求现状和发展趋势,为制定营销策略和企业决策提供正确依据的信息管理活动,是市场预测和经营决策过程中必不可少的组成部分,主要有企业的内部调研和外部调研。

1．内部调研

内部调研就是调查企业的创建历史、商业模式、经营范围、企业资质、经营业绩、企业荣誉、企业组织架构、企业领导人资历、经销商数量、客户群体、公司管理模式、人力资源体系、企业办公环境、生产环境、企业法务状态、企业参与的公益活动、企业员工的工作和生活状态等。

2．外部调研

外部调研就是全面了解这个行业的发展情况，与企业相关的新闻热点，公司受众目标的主要特征和行为习惯，主要竞争对手的基本情况等。就拿黄金酒广告来说，黄金酒的受众目标就是做儿女的人，广告词"你想喝找你女儿去"体现的核心便是"孝心"。它充分抓住了受众的需求喜好，抓住了受众的痛点。脑白金所抓的痛点是现在儿女都忙，没有时间孝顺父母，儿女会感觉不知道如何弥补父母，所以经常在问，孝敬父母什么好？

市场调研常用的方法有以下四种：

（1）观察法，到现场去实际考察。

（2）实验法，直接将新产品投入到市场去试营销。

（3）询问法，用调查问卷、电话询问、直接提问等，对被调查人做直观的了解。

（4）情况推测，根据以往的经验对自己的企业或产品做一个估计和比较。

（二）策划

软文策划分为话题策划和媒体策划。

1．话题策划

话题策划要根据营销的导向性，准确把握受众的特点来策划话题。软文话题可以包罗万象，多写多想便能策划出好的软文。最好能做一个策划表，以便于操作，见表8-1。

表8-1 软文营销策划案要素表

| 行动目标 | 撰写角度 | 投放渠道 | 数量 | 投放时间 | 费用预算 |
| --- | --- | --- | --- | --- | --- |
|  |  |  |  |  |  |

2．媒体策划

媒体策划指的是软文传播的媒体策略，也就是媒体选择。要寻找适合投放软文的门户站，每个新闻门户站都有其不同的定位，吸引着不同的用户群体。在选择门户站投放广告时首先应当先综合分析该门户网站的定位、用户群和流量等因素，再与自己的广告投放内容进行匹配。如有些门户网站侧重财经与政治一块，用户多是高学历、高知识性的男性，那么在上边投放女士化妆品类的广告就显得不是非常适合，投放一些汽车、房产类广告是比较妥当的。

（三）撰写

策划好话题之后，接下来要做的就是撰写软文，即按照软文策划案编撰软文文案。在撰写中应注意以下几点。

1．选择好的标题

一个具有吸引力的标题是软文营销成功的基础。软文标题就像人的"脸蛋"，能否吸引受众的目光就靠它了。但只吸引目光是不够的，还要让受众"动心"，并产生想要瞧瞧的欲望。据调查数据显示，一般读者决定是否看某一篇文章，70%是由标题决定的。具有吸引力的标题如"一个让99%的人忽视的卫生习惯""男人流行画眉毛?""不可思议!5 000元打造36平米梦幻韩式田园家居"等。

**2．布局正文**

围绕软文的中心思想和行动目标,合理地做到论点和论据统一,不能离开主题。开头要有吸引力,正文要有说服力,结尾要有震撼力。

## 案例分析

一篇软件营销的软文《天呐!老爸老妈中毒啦!》在网络上掀起讨论热潮,如图8-1所示。

> **天呐!老爸老妈中毒啦!**
> 2010-07-20 20:54:55　来源：网易女人论坛　跟贴 4 条 手机看新闻
>
> 本来应该开心到处去玩才对嘛!天气热太阳辣,这也就算了。老天不给面子也没办法……其实本来窝在家里当宅女挺好,反正我有我爸妈陪着,晚上一家三口还可以去散散步,吹吹晚风,也倒是十分惬意。再说我爸妈还是两个大活宝,哈哈,我们搞笑三人组在一起,那是欢声笑语乐不停啊。
>
> 哎,我可怜的暑假啊。
>
> 但是,两个大活宝自从在网上瞎逛乱逛出个破软件以后,就完全不理我了,嗷~~~我无奈的嚎叫一声,泪眼汪汪的看向了那对正在兴致勃勃上网的老!夫!妻!
>
> 反正我是不想多说他们啦,两个五十多岁的退休工人,上上网聊聊天,打发一下时间也还行,但自从我爸不知从哪下载了个叫什么咔咕的软件,两老人家就玩的那个水深火热欲罢不能咧,在QQ上左一个表情右一个礼物的,玩得不亦乐乎。我爸说它只要输入文字,就会出来相应的动态搞怪图片,还可以制作在线视频礼物和打造自己的手机铃声。十分有趣。这小软件我爸可稀罕了~因为够他在QQ上涨聚人气,操作也很简单。看他用咔咕软件图文并茂连绵不绝的样子。我只好转向笑的花枝乱颤的老妈。哎,我妈更夸张,甚至还亲切的叫这个软件"咕咕小青蛙"…哇咧,我看看正在用咔咕当麦霸的老妈,再次无奈的摇了摇头…妈,你是要去当彩铃先锋吗?!你们到底还要不要做饭啊?!!
>
> 好,不理你们的宝贝女儿是吧?我到是想看看是是什么破东西,把你们迷得晕头转向浑然忘我中毒不浅!哼哼,我先输入网址http://www.kaakoo.cn/。哟,软件挺小的嘛,才1.59MB。图标长得还挺可爱,怪不得我妈那么亲切的叫它了。

图8-1　软文《天呐!老爸老妈中毒啦!》

对于以上这篇文章,我们可以将它拆开分析一下。首先是标题,该软文标题《天呐!老爸老妈中毒啦!》,吸引读者的眼球,让人想去一探究竟,老爸老妈为什么会同时中毒。其次是正文布局合理,广告植入自然。在结尾时,用简短的话来明确文章观点,从而给读者留下深刻的印象。

### (四)发布

软文发布就是将撰写好的软文发布到目标媒体上。

**1．软文发布的途径和时间**

仔细检查完软文之后,接下来要做的就是选择好发布平台和发布时间(不同的平台有不同的黄金发布时间),要根据产品的特征选择跟产品行业相关的发布平台。目前软文发布的常用途径和投放的黄金时间有:

(1)报纸、期刊。建议选择有重大选题的期刊刊登,因为有重大选题的当期,报纸及期刊的销量和传阅量会大幅增长。

(2)全国及地方的门户网站,如新浪、搜狐、网易、中国网、广州视窗等。人们每天上网看新鲜事物的时间段主要集中在 8:30—11:00。

（3）搜索引擎，如百度百科、百度空间、百度知道、网易等。

（4）论坛，如人民网论坛、新浪论坛、网易论坛等。

（5）微博，尤其是具有大影响力的名博。工作日的黄金时间段是 18:00—23:00，周末午饭后 13:00—14:00 和晚饭前后 17:00—20:00。

（6）博客。

（7）微信。饭前、饭后及睡觉前是人们登录微信的高峰期，因此应尽量选择在这些时间段发布。

2．软文发布之前的注意事项

（1）软文的行动目标是否植入。

（2）标题是否够吸引人。

（3）内容是否上下连贯。

（4）关键词植入是否过密。

（5）配图是否合适，是否有法律风险（侵权）。

（6）结尾超链接是否正确。

（7）文中是否有错别字，特别是涉及的人名、地名、产品名称，标点是否有明显错误。

（五）评估

有些人认为，把软文发布到网上，软文营销就算是圆满完成了，事实并非如此。对企业来说，最为关注的是营销的效果。软文效果评估是对软文计划、实施及效果进行检查和评价，以判断其是否成功的过程。它能客观地评价软文广告所取得的效益，可以增强企业的信心并更精心地安排软文广告预算，从而促进软文广告业务的发展。怎样的软文营销才算是成功的呢？常用的软文营销评估方法有以下几种。

1．点击率

点击率是指软文在发布平台上被点击的次数。它是网络广告最直接、最客观和最有说服力的评估指标之一。

2．转载率

一篇软文能够得到网民主动引用或者评价，就可以认为是一次二次传播，也是人们常说的转载。

3．置顶率

置顶就是让一篇文章永远都在这个版面的第一页，这样别人一进这个版面首先看到的就是置顶的文章。

4．搜索引擎收录量

对比软文发布前后在百度等检索到的数字结果，能反映出一篇软文的质量和受众喜好度。

5．IP 数量

通过统计直接 IP 数量和有效 IP 数量，能反映出软文的影响力有多大。

6．流量

流量指的是在一定时间内打开网站地址的人气访问量。

## 二、软文营销策略与技巧

### 案例思考

某电器产品发表在非典时期的一篇软文在当时取得了极佳的营销效果,它刚好契合了当时各大媒体大力提倡"讲卫生,勤洗手"的理念,适时打响了品牌知名度,如图8-2所示。

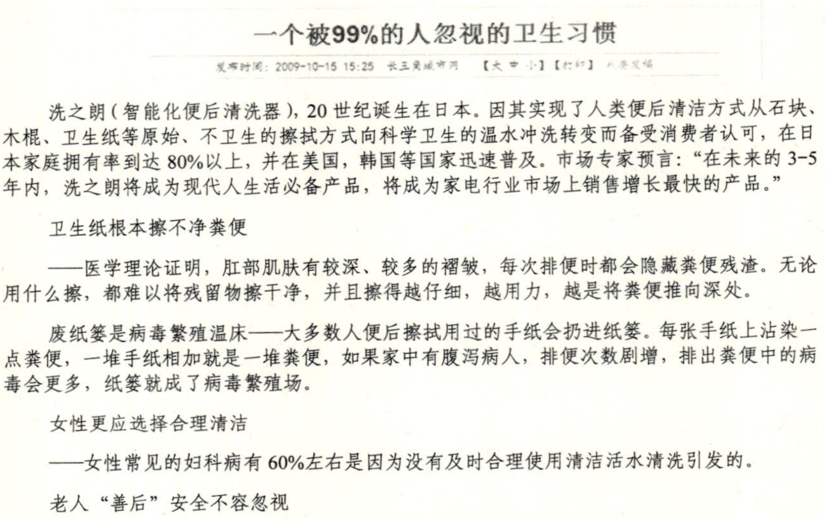

**一个被99%的人忽视的卫生习惯**

发布时间:2009-10-15 15:25  长三角城市网  【大 中 小】【打印】 来源网络

洗之朗(智能化便后清洗器),20世纪诞生在日本。因其实现了人类便后清洁方式从石块、木棍、卫生纸等原始、不卫生的擦拭方式向科学卫生的温水冲洗转变而备受消费者认可,在日本家庭拥有率到达80%以上,并在美国、韩国等国家迅速普及。市场专家预言:"在未来的3-5年内,洗之朗将成为现代人生活必备产品,将成为家电行业市场上销售增长最快的产品。"

卫生纸根本擦不净粪便

——医学理论证明,肛部肌肤有较深、较多的褶皱,每次排便时都会隐藏粪便残渣。无论用什么擦,都难以将残留物擦干净,并且擦得越仔细、越用力,越是将粪便推向深处。

废纸篓是病毒繁殖温床——大多数人便后擦拭用的手纸会扔进纸篓。每张手纸上沾染一点粪便,一堆手纸相加就是一堆粪便,如果家中有腹泻病人,排便次数剧增,排出粪便中的病毒会更多,纸篓就成了病毒繁殖场。

女性更应选择合理清洁

——女性常见的妇科病有60%左右是因为没有及时合理使用清洁活水清洗引发的。

老人"善后"安全不容忽视

图8-2 洗之朗清洗器软文

**思考:**
试分析此案例,它使用了哪些软文营销策略?

### (一)软文营销策略

随着网络、信息的发展,软文营销成为了最重要的营销方式之一,也是广大商家企业必选的营销方式之一。成功的软文营销是要使受众眼软、心软、脑软,也就是信任你的产品,喜欢你的产品。常见的软文营销策略有以下九种。

#### 1. 新闻或专题报道法

此类软文常常是"醉翁之意不在酒",因为它的外表通常是新闻报道的形式,而且没有明显的产品销售信息。常见的样式有:人物专访、专家访谈、通讯、评论、消息、纪实报道、专家咨询、科普宣传等。文中大多涉及企业的历史、生产、管理、企业竞争力、行业优势、企业文化等有关企业形象的内容。

#### 2. 广告和新闻报道相结合法

广告和新闻报道相结合主要是把广告融入到新闻形式当中,通过对企业或产品的新闻报道让读者在阅读中加深对企业或产品的印象。而新闻往往给读者权威和真实感,易于让读者接受。

### 3. 活动营销法

活动营销是指企业通过参加重大的社会活动或整合有效的资源策划大型活动而迅速提高企业及其品牌知名度、美誉度和影响力,促进产品销售的一种营销方式。

### 4. 赞助营销法

赞助营销是指企业通过资助某些公益性、慈善性、娱乐性、大众性、服务性的社会活动和文化活动来开展宣传,塑造企业形象和品牌,实现广告宣传目的,从而促进产品的销售。赞助营销的优势有:①信任度增加、让人易于接受,如蒙牛赞助航天;②受众对象面广量大、有针对性,如伊利赞助奥运,体育比赛现场,观众成千上万,媒体受众不计其数,非常利于企业与目标对象进行有效的沟通,达到事半功倍的效果。

### 5. 名人效应法

所谓名人效应就是借助名人已取得的知名度、美誉度和在社会上的巨大影响,来扩大受众对产品的喜欢、信任和模仿。软文营销可以借助名人来吸引读者的眼球,增加文章的阅读率。

### 6. 曝内幕法

人们的好奇心都比较重,如果适度地曝光行业的内幕,会引起受众的广泛关注。只要爆料有技巧,内幕软文就可获得强大的点击率。但值得注意的是,对于爆料要坚持适度严则,切不可为了诋毁同行,捏造事实。

### 7. 数字营销法

数字非常直观,因此在软文中不妨使用些数字。如移动公司的软文《快看,他就是第90 000个M-Zone人!》,某理财产品的软文《5天时间,赚足3 800元!》,都非常吸读者的眼球。

### 8. 逆向思维法

逆向思维是对司空见惯的事物或观点进行反向思考,即"反其道而行之",树立新思想、新形象。

### 9. 借助热点话题、新闻法

企业要及时抓住广受关注的热点新闻或话题,结合自己的产品展开营销,让消费者认识自己、关注自己。如图8-2所示的软文《一个被99%的人忽视的卫生习惯》,借助非典时期各媒体大篇幅教育人们要"勤洗手""科学洗手"之际做宣传,效果非常好。

## (二)软文营销技巧

有些人认为软文营销就是随便写一篇广告文发到网上,读者看到了就会来买自己的产品。事实并非如此简单。为什么有些企业如脑白金的软文营销能做得如此成功,而有的却效果不明显呢?软文营销要达到最佳效果需掌握以下五个技巧。

### 1. 软文该为受众考虑

大多数人觉得写软文无非就是做广告、做宣传,因此写出来的文章广告色彩太重,成了硬广告,失去了软文的"软"味,令读者反感,这样反而吓跑了客户。软文是为受众而生的,受众喜欢,进而买单,那么软文就达到了最佳推广效果。

### 2. 受众精准定位

做营销并不是网撒得越大效果就越好。用一篇软文来满足所有人群的需求，几乎是不可能的。相反会顾此失彼，漏掉真正的潜在用户。因此我们要结合自己的产品和对市场的调查来确定受众目标，针对这一群体来认真挖掘，才能让读者有归属感并引起他们的共鸣。

### 3. 抓住受众口味

抓住消费者的口味才能抓住未来。也就是说我们要分析受众真正喜欢的是什么，要给他们传播哪些信息，哪些合他们的胃口。以某款女性手机的营销软文为例，重点介绍这款手机的内存有多大、功能有多齐全，还是应该拿这款手机的漂亮外形、屏幕可当镜子来做文章？考虑到该软文的受众是女性以及女性的喜好，答案就明了。

### 4. 选对发布网站

精准定位好客户，根据客户口味撰写好软文之后，就要选择发布的平台了。根据收录量、新闻源、转载率来考量选择网站。也可以通过专业的营销平台，将软文快速发布至各大媒体，让企业信息迅速覆盖全网络。

### 5. 软文营销策略的转化

发布完软文之后不代表工作已经完成。发布完之后，营销者要对软文进行效果评估。分析总结其好的方面与不足之处，为下次的软文营销累积经验。

## 本章小结

本章介绍了软文营销操作的五部曲：调研→策划→撰写→发布→评估，通过细致地了解相关操作步骤，逐步熟悉软文营销实践方法。同时，文中介绍了各种常用的软文营销策略和技巧，让您迅速掌握软文营销的诀窍和关键。

## 本章习题

1. 软文营销的具体操作步骤是什么？
2. 常用的软文营销手段有哪些？

# 第九章 运用不同载体进行软文营销

## 一、论坛软文营销

> **案例思考**
>
> 2005年,必胜客推出一款28元自助水果沙拉,能拿多少,就吃多少,前提是只允许拿一次。盛沙拉的碗并不大,很浅,简单地装沙拉装不了多少。所以,如何保证自己的28元花得划算,尽可能把那只可怜的小碗装满你喜欢的水果色拉,就成了一件有趣的事。
>
> 为了吸引更多的人来必胜客消费,必胜客发动了一次叫做"吃垮必胜客"的网络营销活动。里面介绍了盛取自助沙拉的好办法,巧妙地利用胡萝卜条、黄瓜片和菠萝块搭建更宽的碗边,可一次堆到15层沙拉,同时还配有真实照片。而到必胜客试过身手,并且真的装满更多层沙拉的热心网友会在网上发帖子,介绍自己"吃垮必胜客"的成功经验。甚至有网友从建筑学的角度,用11个步骤来论述他是如何吃垮必胜客的方法。必胜客通过一个个的消费诱惑以及网友自发地在网上传递,不但没有被"吃垮",利润反而大大上升了。
>
> **思考:**
> 分析这个案例,你认为什么是论坛软文营销?论坛软文营销有什么特点和优势?

论坛营销是网络营销的手段之一,论坛推广成功与否关键在于所发布的帖子是否能吸引看帖者,并且让看帖者愿意评论、转发。在网络营销时代,传播渠道呈现多中心、多元化的特点,人们的关注点已经分散,加上社会化网络导致每个人分享信息越来越简便,因此,软文的作用就更为凸显。

### (一)论坛软文的特点

**1. 标题新颖、生动**

标题必须要有吸引力,能够让人产生浓厚的阅读兴趣。最好是最近热门的、比较有新鲜感的话题，这样才会吸引人来点击，点击率上升了，软文权重才会提高。

### 2. 开头精彩

开头要引人入胜，不能没有新意，否则读者就会丧失阅读的兴趣。软文的开头应将全文最重要的信息集中到一块来写，同时要设置冲突和悬念，让人读了以后，想进一步弄清事实的真相。

### 3. 主题鲜明

一篇好的软文一定要具备广泛的传播力，广泛的传播力受文章主题影响。主题鲜明能够针对特定受众精准营销，达到良好的营销效果。

### 4. 结尾开放式

结尾给大家留下继续讨论的空间，意犹未尽，让读者自行参与。结尾不能引发议论绝对不是好的论坛软文。

## （二）论坛软文营销的优势

论坛是一个广阔的交流平台，在论坛上面可以用各种文字、视频、图片进行交流，那么论坛软文营销的优势有哪些？

### 1. 节约广告成本

论坛的特征是免费，免费的门槛低，也就是提供了一个庞大用户群体的平台。在平台中可以自由发送信息，讨论问题、聊天、参与活动等。运用论坛进行软文推广比电视广告、户外广告、报纸广告更省钱。

### 2. 针对性强

对于网络上海量的产品和服务信息，精准的论坛投放定位有利于受众的收集和转化，在短期内给网站带来可观的流量。

### 3. 互动性强

论坛软文营销最大的特点就是"互动"。通过调动网民的讨论，可以让企业得到市场动态、消费者需求、对自身的评价、负面新闻等第一手信息，便于调整企业战略、定向广告投放、新的活动发布等。通过对讨论氛围的维护引导，可以帮助企业刺激消费者购买欲望，培养美誉度，还可以提升企业整体品牌形象。

## （三）论坛软文营销的技巧

### 1. 选择合适的平台

论坛软文推广首先要选择有自己产品潜在客户的论坛，也就是目标论坛。目标论坛不一定越多越好，过多则难于管理，同时目标论坛也不一定越大越好。最关键的是用户群要精准，如要推广保健类的器材，就要针对与时尚健康相关的论坛或相关版块。其次要熟悉目标论坛。目标论坛确定后，不要急于发广告，先了解一下论坛的规则及用户特点。如哪些版块最受关注,各版块的主题特色是什么,论坛用户的特点是什么,喜欢什么样的内容,哪些版块适合发广告,论坛对广告的管理态度和管理尺度有多大等。花些时间充分了解论坛,是推广的第一步。有些论坛会有专门的广告版,或者某些版块是允许发软文的。

2．注册"马甲"

一个现实人在同一论坛注册多于2个(含2个)ID并同时使用时,常用的或知名度高的那个ID一般称为主ID,其他ID称为马甲ID,简称马甲。在同一个论坛,尽量注册5个左右数量的"马甲"。注册"马甲"需注意:

(1)"马甲"名字尽量采用中文,要有特色。一个有特色、有亲和力的名字会让人第一眼记住你。英文名字是很难让人记住的,特别是一些非主流的名字。最好选择一些不要明显显露推广性质但又相关的名字。

(2)及时完善个人资料。个人资料越丰富,就越容易让大家对你产生好感和信任感,如填写联系方式、个性化签名等。一定要及时更换头像,如果可以自定义头像,尽量上传自己的真人照片,或是上传比较有亲和力的明星照。

3．论坛软文撰写

(1)标题。标题被称为软文的"眼睛",好的标题不仅会提炼软文的主旨,还会浓缩软文的主题,可谓整篇软文的"点睛之笔"。论坛软文的标题应简洁化、清晰化、关联化。站在专业的角度,用简洁干练的语言把标题清晰地、全面地诠释出来,感兴趣的读者自然会点击。真实、不做假,读者才会接受,这样软文就成功一半了。

(2)论坛软文的主题。

1)结合最新热点话题

最好含有新闻事件的色彩,可以发挥联想。这样在用户访问的同时又不失帖子的原意,并且会给人留下深刻的印象。人们对一些新闻人物、热点话题往往会很关注,甚至会关注一些小道消息。利用人们急于知道这则新闻发展趋势的心理,我们可以大做文章。当然,要将时事话题与要推广的内容结合起来还是有点难度的,因此平时要多留意新闻话题,培养敏锐的新闻洞察能力。

2)选择故事性软文

在论坛上进行软文营销,最好选择故事性软文,软文对应的产品越隐蔽越好,不然发的帖子很容易被版主删掉。

3)经验分享

这类软文重在叙述自己的购买动机、消费体验、使用心得,以及对其他用户的建议或小妙招。这类帖子比较受潜在用户的关注,最好配上图片,图文并茂。

4)专业的行业分析

站在行业的角度去谈论产品,这就需要对行业有较为深入的了解。要多积累行业的资料,语言专业,把握好深度,旁征博引业内事件,深入浅出。

(3)适当的回帖、顶帖。

前面提到论坛软文推广的一个优势是它的"互动性强",搜索推广内容的相关话题,真诚地回帖，解答疑难。当然回复内容要融入推广，最好能抢到沙发（第一个回复），因为这个位置紧靠主贴，更容易被网友关注。

（4）长帖连载。

软文的长度需把握好。一般帖子的篇幅比较长，这样的文章发到论坛会给网友带来极大的心理负担，而且大家的时间都很紧张，没有耐心去阅读你的文章。因此，可以采取连载的方式，将一帖分成多帖，以跟帖的形式发表。

连载类的文章容易获得大家的认可。连载不一定要用主贴，可以在回帖中进行连载创作，如每隔几楼放一段，中间夹杂着网友的评论，既能吊起看帖者的胃口，让其更踊跃地顶帖，又免去了过多主帖引起的人气分散。最好不要超过7帖，可以每隔一段时间发一帖，以让他人有等待的欲望，同时也可以增加帖子的人气。

**知识链接**

论坛推荐：

| 百度贴吧 | 天涯论坛 | 猫扑大杂烩 | 新浪论坛 | 凯迪社区 | 搜狐社区 |
| 西祠胡同 | 水木社区 | 强国论坛 | 新华网论坛 | 凤凰论坛 | 网易论坛 |
| 55BBS | 中华网社区 | | | | |

## 案例分析

**一个小资的忠告：橄榄油不要轻易食用！**

主贴：后悔啊，几年前在一个朋友的怂恿下，一冲动将家里的食用油改成了橄榄油，用的是西班牙牌子品利，心想咱是白领，橄榄油虽贵点，但这点钱咱还是花得起的！最近一咬牙，买了车子和房子，还贷压力陡然增加。没办法，勒紧腰带，换橄榄油为色拉油吧。可没想到，吃惯了橄榄油，竟然不习惯色拉油的味道了。唉，幸福是一种奢侈品，用了就不想失去，朋友们切记，切记！

回帖1：不就油吗，有什么不适应的。

回帖2：呵呵，橄榄油既保健又美容，省了看病和美容的钱，还是蛮划算的。

此帖的精彩之处就是"明抑暗扬"。从表面上看，似乎是抵制橄榄油，但从整组帖子来看，却巧妙把橄榄油的好处"既保健又美容"完整地阐述了出来，并自然地引出西班牙牌子品利橄榄油，达到了将信息传递给目标受众的目的。从帖子标题来看，首先吸引的是"小资"，这也符合橄榄油的产品定位。另外，以"抵制（不要）""曝光"这样的形式发布信息，更容易吸引人们的关注。

## 二、微博软文营销

**案例思考**

2012年12月19日,小米手机发布了一条有关"新浪微博社会化网购首单"的微博,如图9-1所示。

图9-1 新浪微博社会化网购首单

该微博被转发了250多万次,80多万用户参与了评论,微博中的网站链接被点击了30多万次。从2012年12月19日至2012年12月21日,小米手机官方微博账号由之前的76万粉丝,迅速增长为152万粉丝。

思考:

除了"转发送手机"以外,还有哪些因素推动了这条微博被疯狂地转发呢?

微博逐渐成为了大众交流平台中最有效果的平台之一,利用微博做推广也逐渐在各大行业中崭露头角,也获得了巨大的收益。微博推广利用微博的影响力,大大提高企业产品的名气、知名度,从而达到销售的目的,效果非常的显著,同时也可以减少投入,这是微博推广所存在的优势。

### (一)微博软文营销的特点

#### 1. 立体化

微博软文营销可以借助先进多媒体技术手段,用文字、图片、视频等展现形式对产品进行描述,从而使潜在消费者能更形象直接地接收信息。

#### 2. 高速度

微博最显著的特征就是传播迅速。一条关注度较高的微博软文在互联网及与之关联的手机WAP平台上发出后，短时间内互动性转发就可以抵达微博世界的每一个角落。

3. 便捷性

微博软文营销优于传统推广营销，无须严格审批，可以通过各种连接网络的平台，在任何时间、任何地点即时发布信息，其信息发布速度超过传统纸媒及网络媒体，从而节约了大量的时间和成本。

4. 广泛性

微博软文通过粉丝进行病毒式传播，加之名人效应，能使事件传播覆盖面呈几何级放大。

（二）微博软文发布的技巧

1. 撰写

（1）善用大众热门话题。在更新自己的微博前，先要去搜索一下消费者感兴趣的热门话题是什么，然后将它策划进营销内容，这样可以增加被用户搜索到的概率，达到营销的目的。一般在发微博的时候，在热门关键词两端加双井号，如：#微博营销#。

（2）让内容有连载。让内容有连载意思是每天推荐一个好产品或热门资讯，每周发布一次活动结果等，让粉丝的活跃度增高。

2. 数量

把握一个数量度。不要一下发很多条微博。这样，别人如果关注或者是收听了你，全屏都是你的微博，会产生反感。所以每天坚持发5~10篇微博就足够了。

3. 时间段

很多失败的微博软文营销案例在于不会选择时间段，从而损失了大量的转发与粉丝。微博可以选择在早上的9:00~10:00、中午、晚上的7:00~10:00这些时间段去发。因为这些时间段上网人数相对较多。新浪微博应用可以定时定量发布微博，每次可以编辑多条，设置定时定量发送。

（三）微博软文的类型

1. 广告式

这种软文常见于各商家的官方微博中，它站在商家的角度，用广告形式宣传商家最新推出的产品和活动。由于商家官方微博的粉丝基本上是已购买过商家产品或是潜在的购买者，因此这种方式容易受到粉丝关注，但是转发概率不大。

**经典案例**

凡客8周年广告式微博如图9-2所示。

#凡客8周年# 10月18凡客8周年店庆，关注凡客wx官方商城，新粉丝即享10元全场通用代金券。wx商城无需注册就可以直接下单，也可以通过人工客服进行订单查询和解决退换货等问题。记得绑定凡客账号，共享积分。可扫下方二维码关注，也可在通讯录搜索mvancl添加。凡客八岁，感谢有你。

图9-2 凡客微博广告营销

2．分享式

与广告式软文类型不同的是，这种软文一般是站在第三方角度，通过分享的方式来宣传某件商品，有点类似论坛软文的操作方法。

## 案例分析

东方航空公司召集了符合东航形象和服务质量的空姐，在微博上均用真实姓名前冠以"凌燕"为统一形象。通过拉进东航与乘客之间的距离，让乘客近距离感受企业人性化的一面。

微博的主要内容多是空姐们在世界各地拍摄的风景照片，或者平时旅客们看不到的飞机驾驶舱等，还有飞机上精致的糕点和食品展示、东航内部的企业文化宣传展示以及机票优惠价格信息等内容；除文字宣传之外，东航还开展了各种活动，如"凌燕带你游世博"幸运者征集活动，吸引了网友的广泛参与，一周之内凌燕成为微博热门话题之一。

东航通过微博的宣传，打造了东航品牌的知名度和美誉度。

3．炒作式

这类软文通过挑衅的方式，甚至是对骂的方式来提高网友的关注，引起网友对微博的转发，最终达到扩大传播的目的。

## 案例分析

### 京东苏宁电商价格战

2012年8月14日下午，苏宁执行副总裁李斌和京东总裁刘强东发表如图9-3所示微博：

"炒作"是整个互联网的专利与偏好，电商更是如此，其中造"节"是其最拿手项目，目的是为曝光自己、拉动销售服务。此次苏宁借三周年店庆意在拉动自身销售业绩，不料随着京东、当当、国美、58同城的意外闯入，让整个行业顿时更加热闹起来，借力苏宁的宣传攻势，包括京东在内的各家电商也都有斩获。从结果来看，各电商的销量提升、媒体关注和炒作效果都已达到。

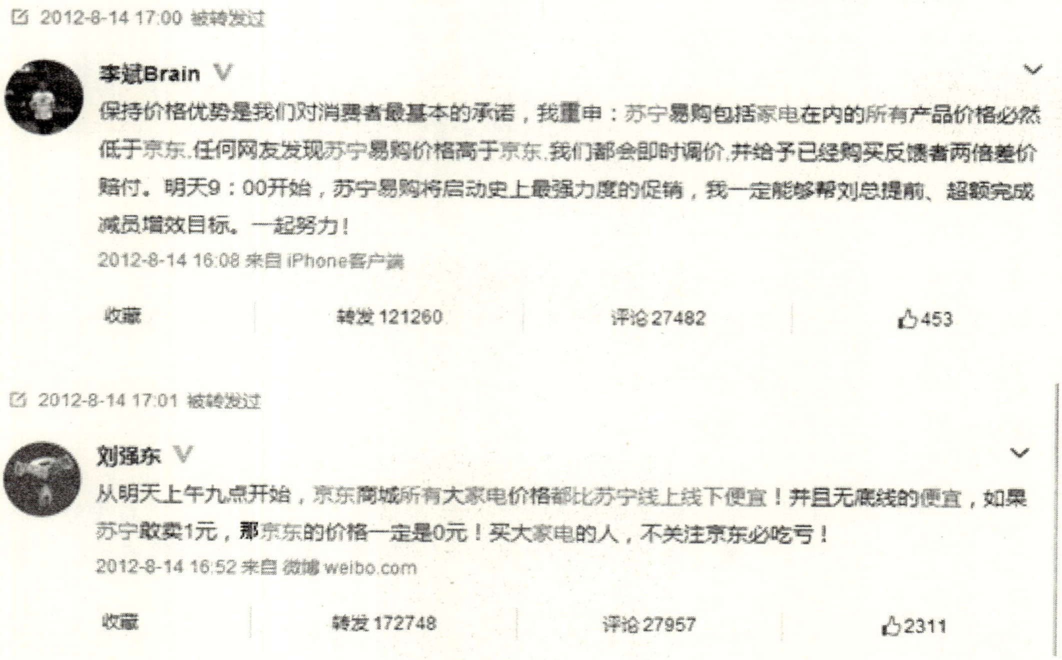

图 9-3 京东苏宁电商价格战

### 4．创意式

这类微博软文具有新鲜、有趣、好玩的特点，看上去不像广告，更像是一则笑话或者是一篇微型小小说。这类软文的关注度非常高，而且网友都乐意转发这种微博。

## 案例分析

诺基亚手机创意式微博如图 9-4 所示。

【每日一惊】：火车上。所有人都在低头玩手机。过了一会儿，一部分人抬起头，一脸惆怅地望着车窗外…他们是 iPhone 用户，他们的手机没电了，又过了一会儿，又有一部分人抬起头，一脸惆怅地望着车窗外…他们是 Android 用户，他们的备用电池也没电了，然后，火车出现紧急情况，一部分人默默地掏出诺基亚…

图 9-4 诺基亚手机创意式微博

这是诺基亚手机有趣的创意博文，通过这个软文，进一步提高了诺基亚的品牌公信力。

如果消费者看到这则笑话时不知道瑞星杀毒软件是什么，就会通过搜索引擎搜寻相关信息，从而，瑞星提升了自己的知名度，增加了品牌效益。

## 三、微信软文营销

**案例思考**

星巴克圣诞营销软文如图9-5所示。

图9-5　星巴克圣诞营销软文

思考：

根据星巴克圣诞营销软文案例，分析微信软文有哪些写作特点和营销方式？

2015年1月21日，在微信四周岁生日当天，个名为"微信团队"的微信号出现在我们的朋友圈里，以一句"广告，也是生活的一部分"，正式宣告"微信营销"的时代正式来临。官方数据显示，截至2015年第一季度末，微信每月活跃用户已达到5.49亿，用户覆盖200多个国家，超过20种语言。此外，各品牌的微信公众账号总数已经超过800万个，移动应用对接数量超过85 000个，微信支付用户数量则达到了4亿左右。微信成为中国第一大即时通信应用工具。

微信营销已经成为目前大多数互联网企业最热衷的一种营销方法，究竟怎样才能做好微信营销呢？作为微信营销重要内容的微信软文推广，在推广中应该体现哪些要点，以实现更好的营销效果呢？

## （一）微信软文营销的特点

### 1. 精准营销

微信不同于微博，微博的僵尸粉丝和无关粉丝很多，而微信的用户一定是真实的、私密的、有价值的。同时，通过在具有一定代表性的微信大号上投放软文，便可产生精准的营销效果。投放软文后，微信接受方会收到消息提示，这与微博瞬间消失的特点有极大的差别。

### 2. 借力热点

借助网络舆论热点、新闻焦点、网络热词，通过与之相关的热词匹配策划，"借力而行"，达到推广企业产品或者服务的营销效果。"四两拨千斤"，借势实现品牌营销，达到低投入、高回报的推广效果。

### 3. 互动双赢

通过微信营销，可以创造条件吸引客户与企业通过网络媒体平台进行线上或者线下沟通交流，企业可以获取客户对企业产品服务的反馈信息，为企业进行调整战略、优化产品、提高服务创造机会。

### 4. 覆盖范围广

公共账号一般与手机私人账户关联，微信软文投放可以覆盖 PC 网络和手机网络市场。

## （二）微信软文营销的优势

### 1. 成本低

颠覆传统高成本的平面及电视广告营销传播模式，在资金不是很雄厚的情况下，微信软文可以以小成本的投入收获较大的营销效果，具有很高的投入产出比。

### 2. 不受时空限制

微信软文营销没有时空限制，受众广、速度快、版面不太受限。

### 3. 效率高

普通的广告容易导致消费者的排斥心理，而微信软文传播的形式可以绕开这种排斥心理，在极短时间里让客户产生信任感，迅速提高产品影响力和关注度。

## （三）微信软文营销的常见方式

企业、自媒体类公众号比较适合在微信平台进行软文推广。微信软文营销的常见方式有：

### 1. 微信直发

微信软文直发就是选择合适、目标群体多的微信号，精心策划用户关注的内容，在目标群体关注的微信号上撰写文章直发。

### 2. 微信自媒体运营

跟微博运营一样，微信自媒体运营通过内容吸引更多的潜在客户关注自己，然后通过内容推送来增加用户的黏度，进而把用户转化成客户，或者转化成能给我们介绍客户的忠诚型粉丝。

#### 3. 与其他推广结合

企业传统的做法是将电话或者网址放到新闻稿里,这样的广告过于明显,也失去了提升信任度的作用。有了微信平台以后,附上微信二维码,客户可轻易通过新闻扫描企业的二维码,保持长期的联系。

整合以上三种营销方法,根据客户的实际需求定制方案,结合新闻、视频、微博等平台来推广,可以达到事半功倍的效果。如策划的软文、视频内容可以用微信推送,大品牌的企业可以开发微网站来让更多用户更方便地了解企业,利用其他广告发展微信粉丝,再通过微信运营将粉丝转化。

### (四)微信软文写作技巧

微信软文是根据产品的概念和特点进行深度分析,进一步引导阅读者进行消费的文字模式。一篇好的微信软文对消费者的心理引导作用是非常大的,所以在微信营销过程中,写好微信软文是一个重要的课题。下面介绍微信软文写作的五种技巧。

#### 1. 核心扩展法

核心扩展法是指先将核心产品单独列出来,再从销售方法、产品特点、产品效果等方面对核心内容进行扩展,这样写出来的软文始终都是围绕着一个中心来表述,不会显得杂乱无章,对读者的引导力会更强。

#### 2. 卖点衍伸法

卖点衍伸法又叫各个击破法。这种方法是最常见的方法,就是从产品的每个特点分别单独介绍,配合图片一一介绍和延伸,突出产品功效。这种写作方式虽然老套,但是可以将产品卖点充分介绍清楚,总有一个卖点是能够吸引到用户的。

#### 3. 三段式写作法

微信营销软文一般篇幅较长,大部分读者是没有耐心读完全文的,所以在编写软文的时候尽量将重点浓缩在第一段,先将读者的胃口吊起来,再继续解释为什么要看这篇文章,最后再强调产品的优势、独特性、销售卖点、价格优势或赠品,为客户产生购买欲再推一把力。浓缩成三句短语就是:看我!为什么买我?必须买我!

#### 4. 案例引导法

消费过该产品的用户说的话更有分量,因此买家评论最能影响客户的判断力。要想迎合用户的这种观望心理,需要微信软文编写者充分利用买家秀、买家心得等消费者案例引导读者。

#### 5. 图文并茂法

精美的图片可以为微信软文增色。一篇成功的微信软文离不开精美图片的配合,结合时事新闻图片,将内容和图片合理地分布在文章内,一篇精美的图文软文就完成了。

## 案例分析

> 欧诗漫微信软文如图 9-6 所示。

图 9-6 欧诗漫微信软文

皮肤是人类最重要的器官之一,它伴随着人的出生而出现,并且伴着人的成长而成长。人的肤质对于不同年龄段来讲是一个动态的发展过程,随着外界的污染和岁月的流逝,肌肤会出现各种各样的问题。护肤在现代已成为一门学问,欧诗漫作为国内知名化妆品品牌,通过核心扩展法、卖点衍伸法、图文并茂法等写作技巧,从专业的角度介绍了不同年龄的女性应该选用不同的护肤品,还根据不同的皮肤肤质配置不同的产品,收到不同凡响的效果。

## 本章小结

本章介绍了论坛软文、微博软文、微信软文的各种特点和写作技巧。软文写作没有固定的格式与方法,每个人的习惯和风格都不一样,而且创意是无限的。当然也有一些共性,就是要时刻提醒自己不断学习、总结、旁征博引、触类旁通,这样进行软文写作的时候才能文思泉涌。

## 本章习题

1. 论坛软文营销推广有何技巧?
2. 微博软文的类型有哪些?
3. 微信软文营销的写作技巧有哪些?
4. 选择一个主题,写一篇1000字以上的软文,并且至少发布到5个以上的相关网站。

# 第十章 规避软文营销风险

## 一、认识软文营销的误区

**案例思考**

2010年7月,一则有关"深海鱼油造假严重"的新闻在网上流传,如图10-1所示。该条新闻声称添加深海鱼油的产品不能食用,最后把矛头直接指向A集团生产的"QQ星儿童奶",一时间,A集团陷入舆论风波,在百般澄清后,A集团向警方报了案。

经过调查,警方对外证实,B品牌儿童奶产品经理安某及北京C公关公司三名员工因毁坏A集团商业信誉被拘。

此后,A集团与B集团之间的"论战"开始了。双方都指责对方利用恶性营销陷害自己,对双方的伤害也逐渐增大,渐渐脱离了市场的本质。

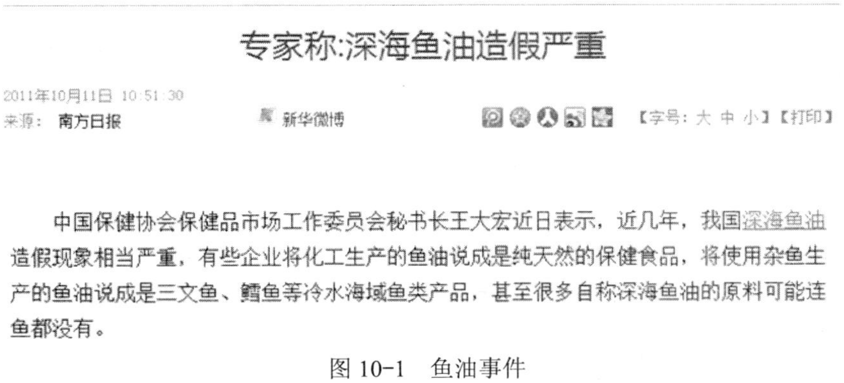

**专家称:深海鱼油造假严重**

2011年10月11日 10:51:30
来源:南方日报    新华微博        【字号:大 中 小】【打印】

中国保健协会保健品市场工作委员会秘书长王大宏近日表示,近几年,我国深海鱼油造假现象相当严重,有些企业将化工生产的鱼油说成是纯天然的保健食品,将使用杂鱼生产的鱼油说成是三文鱼、鳕鱼等冷水海域鱼类产品,甚至很多自称深海鱼油的原料可能连鱼都没有。

图10-1 鱼油事件

**思考:**
分析以上案例,你认为在软文营销过程中需要注意哪些问题?

软文营销是最常见也是最有效的营销手段之一。互联网普及后,这种营销模式在品牌推广和塑造企业形象方面的作用被越来越多的中小企业重视。很多中小企业通过有效的软文营销与大企业在市场上争得了平等竞争的机会,为企业发展带来新的发展机遇。但是,在实际的软文营销过程中,有的企业对软文营销的理解存在偏差,不仅不能达到行之有效的推广效果,反而对企业造成损害。因此,在具体软文营销中,不能陷入误区。

### (一)软文营销的写作误区

#### 1. 以次充好,以量取胜

比起其他的营销方式,软文营销是一种持续性较强的推广,软文的好坏直接影响到软文推广的后续效果,如软文的转载量或引入流量等。有些企业为了迅速扩大影响力,不论软文质量的好坏,企图以数量取胜,每天发布几十篇软文,但往往收效甚微。有时一篇优秀的软文刚发布可能无法获得点击量,但由于口碑的传播会慢慢地积累关注度。即使发布的范围比较窄,也可能会获得大量的转载,从而扩大软文的影响力。

市场上很多软文主题不明确,内容牵强,前后段落逻辑混乱,既没有令人信服的数据佐证,也没有权威人士的观点,更没有展开分析。这样的软文往往石沉大海,没有发挥推广作用,有些甚至起反效果,让读者质疑企业或产品。因此,软文营销成功的关键不在数量而在于质量。忽视软文质量,只关注软文数量是软文营销的一大误区。

## 案例分析

**王老吉软文营销案例**

在王老吉为汶川地震捐款 1 亿元以后,一篇《让王老吉从中国的货架上消失!封杀它!》的帖子几乎充斥着各大网站和论坛,点击率在短时间内飚升,如图10-2所示。

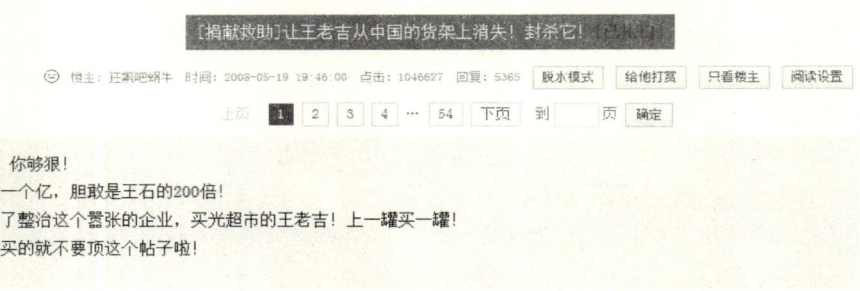

10-2 王老吉软文营销案例

这篇软文虽然只有短短的 40 多个字,却使王老吉一鸣惊人、妇孺皆知,不仅很好地塑造了王老吉良心生产商的形象,也带动了王老吉凉茶的热销,并持续发挥着它的影响力。

#### 2. 硬广告化,动机明显

软文营销讲究的是"润物细无声"。软广告没有硬广告"杀伤力"强,但它对目标公众有较强的渗透力。一篇优秀的软文能够引导消费者在愉悦的阅读中产生购买欲望,因此在软文中适当地引入产品的介绍或增加一些关键词能加深读者的印象,让读者在不知不觉中记住产品和品牌,达到传播效果,从而实现宣传产品、塑造良好形象、提高产品销量的最终目的。

相反,如果软文的广告动机过于明显,过多地增加关键词密度或添加网站链接,对产品的描述任意夸大,"强制"消费者接触,这样的文章写得再好也得不到消费者的认同,反而容易让他们产生抵触心理，从而对产品或品牌持怀疑的态度。

### （二）软文营销没有持久性

软文营销需要持之以恒。有些企业对软文营销的认识存在偏差，妄图通过一篇软文一蹴而就，打响企业品牌。只有先对网站产品进行定位，再对产品进行包装，然后通过软文进行广告植入，才能达到最好的营销效果。这无疑是一个长期潜移默化的过程，不可能通过一两篇软文就能够迅速占领市场。而有些企业要么不发，要么一天发布数十篇，这种无规律的软文发布容易让客户对企业的过度强调产生疲累甚至厌烦情绪，不利于企业形象的树立。

因此，企业必须制定一个阶段性的软文营销方案，规划好每一个阶段发布的内容。前期是什么内容、中期是什么内容、后期是什么内容，随着市场的变化，方案和内容还要做相应调整。只有长期有规律的软文发布才能在一定程度上提高潜在客户的认同感，提升企业在客户心中的形象，让客户逐渐认识企业，并在长期的软文催化中对企业产生信任感，逐步把潜在客户转化为企业的忠诚消费者。

### （三）软文营销发布目的不明确

"发"软文是一种手段，即把软文发到一些网络新闻媒体上。但"发"需要做的不仅仅只是把软文放到媒体上，而是通过对企业或产品的调研，做出符合企业利益的营销方案，选择合适的平台，再根据市场的需求和变化完成"发"这个动作。

目前，在互联网上有很多可以发布软文的媒体网站。如可发布到搜狐、新浪、163等综合性门户网站，可发布到千龙网、深圳热线等地方门户网站，也可以发布到站长家园、站长之家、A5等站长网站，还可以发布天涯社区、verycd论坛等社区论坛，或发布到微博、QQ、微信等社交平台。软文发布的媒体平台种类繁多，有些企业为了能发软文，在没有对平台的性质或权重等进行分析调查的前提下，随意地选择平台发布，这样就很容易陷入发布的误区。如做母婴产品的，选择一些妈妈论坛进行软文营销能起到比较好的效果。如果盲目地发布到一些门户网站，不仅费用较高，而且还不一定能得到好的反馈。

因此，在注重"发"软文这个手段的同时，不能忽略软文营销的最终目的是"销"，也就是让企业形象或产品通过软文的方式得到推广，最终被市场接受或认可。因此，要把"发"和"销"很好地结合起来，在发布完软文后应适当跟进，发挥软文的最大营销潜力。

## 二、规避软文营销的各类风险

**"美国软文监管"事件**

美国联邦贸易委员会（FTC）为了加强博客软文的监管力度，于2009年10月5日宣布表决通过修订《广告推荐与见证的使用指南》，并于当年12月1日起生效。美国率先为规划监管软文行业出台法规，让全球广告界对软文行业的监管力度有了新的思考。

**思考：**

通过以上案例，你认为国内的软文营销将面临哪些风险，应如何去规避和应对？

随着互联网的发展，网络媒介在营销中的作用越来越突出，软文作为一个新媒介时代的口碑营销手段，以其低成本、高效率的优势赢得了越来越多企业，尤其是中小企业的重视。但是在具体的软文营销过程中还存在很多风险。

### （一）软文营销的外部风险

#### 1．市场监管力度不够

目前，我国网络营销市场还不是很成熟，市场监管力度不够，各方面存在的问题都比较多，虚假、夸大等低质量软文没有得到有效遏制，软文市场处在相对比较混乱的特殊时期。由此可见，软文营销市场的监管制度亟待建立和维持。只有制定权威、健全、公正的监督管理制度，才能确保软文营销中各方有章可循，有法可依，为软文营销快速发展提供一个公平规范的法律环境。同时，应完善软文发布程序、市场分析数据认定等规章，加强市场监管，促进软文营销的良性发展。

#### 2．行业信誉不高

中国网络软文营销行业的发展如雨后春笋，势如破竹，但企业的发展却良莠不齐。由于建站门槛低，一些承接各类软文发布与推广业务的站点依靠复制为生。通过恶意复制其他优秀网站的软文内容达到推广效果，这使得软文营销市场杂乱无章，鱼龙混杂，使得软文信息的真实性无法得到保证，许多消费者对其不信任。另外，一些软文写作人员为了迎合企业的宣传目的而"虚张声势""无中生有"，让客户对整个行业的信誉持怀疑态度。只有提高行业自律能力，加强公众监督，才能进一步提升客户对软文营销行业的信任感，促进行业的整体发展。

#### 3．网络营销环境有待优化

软文营销的发展有赖于良好的网络营销环境。网络营销环境是指对企业的生存和发展产生影响的各种外部条件，即与企业网络营销活动有关联因素的部分集合。随着网络技术的发展，营销环境变得更加复杂。当前的网络媒体市场存在一些乱象。有些媒体为了盈利，外包网站的一些频道，降低成本来竞争客户，导致内容质量的下降。有些个人网站常常注册一些与大媒体类似的网站名或二级域名糊弄企业用户。如"www.xsogou.com"就是利用和搜狗网域名（sogou.com.cn）相似的个人网站来欺骗消费者。同时，网络文化呈现良莠不齐的状态，一些"网络推手""网络打手""网络水军"操纵网络舆论，各种虚假信息和非法信息充斥网络，严重影响了网络秩序，对软文营销的发展产生了一定的阻碍作用。

### （二）软文营销的操作风险

#### 1．软文中有"屏蔽词"

我国目前对网络传播内容有一定的要求和限制，有些软文写手不清楚规定在文中加入了限制词语，很容易被屏蔽。同时，很多搜索引擎或者论坛都有一些已经明文禁止的规则，带有这些屏蔽词的软文就会被自动屏蔽。因此，在写作过程中一定要注意这些屏蔽词对软文传播效果的影响，尽量在了解规则的情况下撰写软文。

#### 2．软文质量不高

软文营销的效果是由软文的质量决定的。但由于很多企业聘请的不是专业的软文营销团队，写作的软文质量并不高。软文需要创意，一篇有创意的软文能迅速引起网民的关注，获得大量的转载。但目前市场上存在不少抄袭现象。即对一些流传比较广的软文修改标题、调整段落或复制创意点进行推广,这虽然是一种快捷的方法,但在无形中损失了大量的客户。如某大学宣传片抄袭事件就是被网友质疑抄袭其他大学宣传片的创意,对该大学的声誉造成了很大的负面影响。

而且,为了节约成本,有些企业把软文发布在一些低质量的软文站点上,影响了推广的质量。这些低质量的软文和站点的存在,也影响了软文行业的整体发展。

**知识链接**

为了评判站点软文的质量高低,打击超链作弊行为,优化网络环境,百度于2013年2月19日上线了一种搜索引擎反作弊的算法。该算法主要打击超链中介、出卖链接、购买链接等超链作弊行为。该算法的推出有效制止了恶意交换链接、发布外链的行为,打击了低质量软文站点,有效净化了互联网生态圈。

百度绿萝算法上线公告

亲爱的站长朋友们:

大家好!

前两天发布了绿萝算法2.0的更新公告,我们看到很多站长的反馈、解读以及疑问。其中,部分解读与算法本身的目标是有很大出入的。因此,今天就绿萝算法2.0再次跟大家做一个解读。

第一,绿萝算法2.0针对的重点对象是发布软文的新闻站。

第二,惩罚的对象包括:软文交易平台、软文发布站、软文收益站三类。

第三,惩罚的方式包括:

1)针对软文交易平台,将被直接屏蔽。

2)针对软文发布站,将视不同程度而进行处理。例如一个新闻网站,存在发布软文的现象但情节不严重,该网站在搜索系统中将被降低评价;利用子域大量发布软文的,该子域将被直接屏蔽,并且清理出百度新闻源;更有甚者创建大量子域用于发布软文,此种情况整个主域将被屏蔽。

3)针对软文受益站,一个网站的外链中存在少量的软文外链,那么此时该外链将被过滤清除出权重计算体系,该受益站点将被观察一段时间后视情况而进一步处理;一个网站的外链中存在大量的软文外链,那么此时该受益站点将被降低评价或直接屏蔽。

软文质量不高这种风险是比较常见的,企业应该从两方面来规避:

(1)营销要有一定的资金投入,必须选择专业的软文营销团队,以质取胜。

(2)对软文营销流程有一个基本的认识。

### 3.过度宣传产品

软文营销的目的在于推广,因此在软文中对产品的描述都会有一定的"夸张"成分,但这种夸张不是虚构,也不是虚假,是在搜罗、分析各种翔实信息的基础上,对宣传原因做适当的夸大,在一定程度上刺激消费者在心理上产生更大的需求。但要注意恰到好处，不能言过其实，过度宣传，否则会引起消费者的反感，带来负面影响。如某蜂胶产品宣称自己“被权威部门授予糖尿病专用蜂胶”“能防治并发症，平稳血糖，还能帮患者减药”等。但国家药监局颁布的《保健食品广告审查暂行办法》明文规定，保健食品广告不得出现含有与药品相混淆的用语，直接或者间接地宣传治疗作用。企业抓住了糖尿病病人对长期服药在心理上的抵触和对健康的渴求，夸大保健食品对疾病的作用。蜂胶对辅助降糖有一定作用，但是并不能取代药品。如此夸大的宣传容易对消费者产生不良影响。

为了避免这类营销风险，应做到以下三点：

（1）宣传符合相关行业法规，符合行业标准。

（2）对产品和品牌的宣传目的有明确认识。

（3）熟悉产品或服务的实际效用。

### 4. “曝内幕”要适当

“曝内幕”是软文营销的一大手段。消费者对一些隐私性较高的行业内幕都有一探究竟的好奇心，利用好这一点就能收获关注。

**案例分析**

2013年，一篇“知名整形医生披露行业内幕”的报道被各大媒体网站转载，如图10-3所示。在这篇软文中，4次提到了某医院整形外科主任徐某，很明显是一种软文营销方法。这篇软文虽然对整容行业存在的一些普遍问题进行了披露，但点到即止，在迅速引起网民关注的同时做到了很好的推广效果。

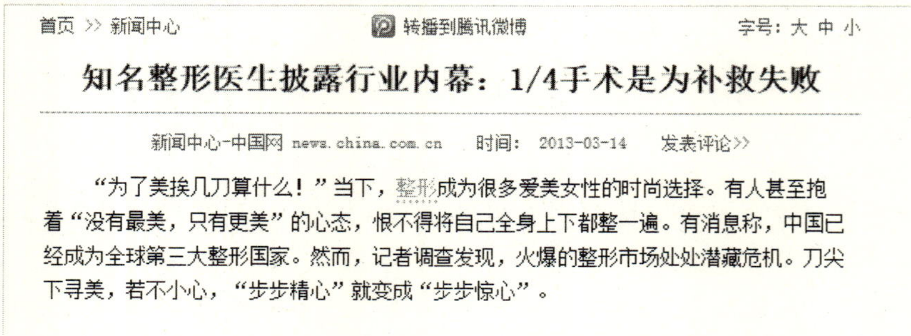

首页 >> 新闻中心　　转播到腾讯微博　　字号：大 中 小

知名整形医生披露行业内幕：1/4手术是为补救失败

新闻中心-中国网 news.china.com.cn　时间：2013-03-14　发表评论>>

“为了美挨几刀算什么！”当下，整形成为很多爱美女性的时尚选择。有人甚至抱着“没有最美，只有更美”的心态，恨不得将自己全身上下都整一遍。有消息称，中国已经成为全球第三大整形国家。然而，记者调查发现，火爆的整形市场处处潜藏危机。刀尖下寻美，若不小心，“步步精心”就变成“步步惊心”。

图10-3　爆料内幕新闻

撰写“曝内幕”式的软文，是利用消费者对内幕的好奇心引发关注，达到推广目的。如果技巧到位，即使是一些负面的爆料，也可以成为宣传的一大助力。但对行业内部问题的曝料一定要适度，否则只会适得其反，得不偿失。

**案例分析**

“3Q大战”案例

2010年9月27日，360发布直接针对QQ的“隐私保护器”工具，宣称其能实时监测曝光QQ的行为，并提示用户“某聊天软件”在未经用户许可的情况下偷窥用户个人隐私文件和数据。引起了网民对于QQ客户端的担忧和恐慌。2010年10月14日，针对360隐私保护器曝光QQ偷窥用户隐私事件，腾讯正式宣布起诉360不正当竞争，要求360

及其关联公司停止侵权、公开道歉并做出赔偿。

针对腾讯起诉，360随即回应称：腾讯一直回避各界对其窥探用户隐私的质疑，这时候起诉360，除了打击报复外，不排除是为了转移视线、回避外界质疑的可能，如图10-4所示。

图10-4　奇虎360公告

2010年11月3日18点，腾讯公开信宣称，将在装有360软件的计算机上停止运行QQ软件，要求用户卸载360软件才可登录QQ，如图10-5所示。

图10-5　腾讯公开信

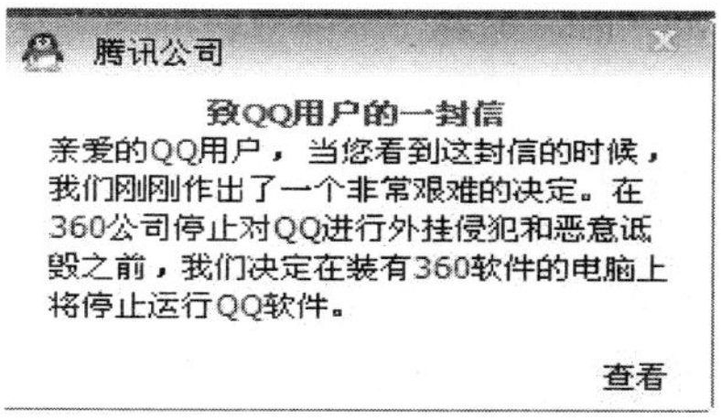

2010年11月21日，工信部介入这场“隐私”大战，同时责令两家公司停止互相攻击，加强沟通协商，严格按照法律的规定解决经营中遇到的问题，并公开向社会道歉，妥善做好用户善后处理事宜。随后，腾讯和360双双发表致歉声明，腾讯称向所有在事件中受到困扰的用户致歉，360也向用户致歉，并表示腾讯与360软件、网站已全面兼容，如图10-6所示。

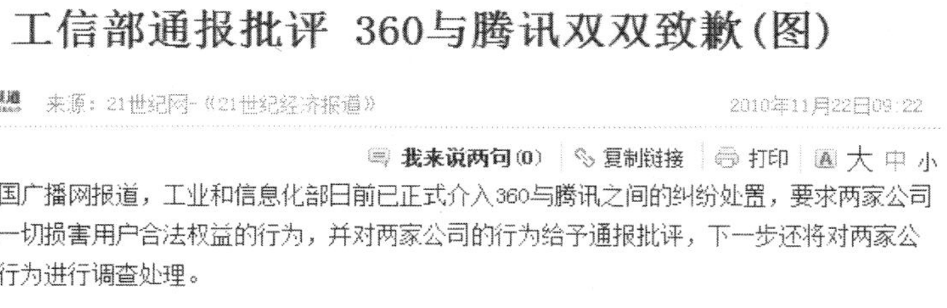

工信部通报批评 360与腾讯双双致歉(图)

21世纪经济报道　来源：21世纪网-《21世纪经济报道》　2010年11月22日09:22

我来说两句(0)　复制链接　打印　大 中 小

据中国广播网报道，工业和信息化部日前已正式介入360与腾讯之间的纠纷处置，要求两家公司立即停止一切损害用户合法权益的行为，并对两家公司的行为给予通报批评，下一步还将对两家公司的违法行为进行调查处理。

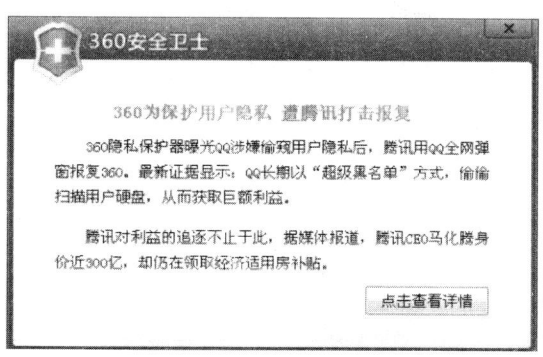

图10-6　工信部通报批评新闻

这场“3Q大战”首当其冲的受害者是互联网用户，双方都在一定程度上影响了用户的正常业务使用，给网民的工作和生活带来了困扰和不便。同时，不利于公平有序的互联网市场秩序的建立，这必然让腾讯和360在消费者心中的形象受到损害。

在面对这种风险时，企业应注意以下两点：

（1）企业产品或服务质量要经得起检验，否则只会搬起石头砸自己的脚。

（2）内幕一定要进退有度，不要攻击竞争对手。

### 5. 校对要仔细

校对是软文发布编辑过程里的一个必须工序，主要工作是按照原稿去审查订正排印或缮写的错误，是保证软文质量的重要环节。校对工作一定要做到认真负责，严谨周密。软文校对主要包括以下四个方面的内容。

（1）校对文字。软文在发布前一定要对文字进行校对，特别是涉及人名、地名、企业名称、商品名称、商标名称等。因为一旦这些内容出现错误，很可能让整篇软文失去权威性和说服力，让读者对软文的可信度保持怀疑，使软文的价值大打折扣。

（2）语法准确，逻辑分明。软文写作中常见的语法错误有：①数量表达不清晰。②主宾指代不明。③名词、动词、形容词、副词等使用不当。这些语法错误容易使文章有歧义，影响消费者的阅读。逻辑分明是指文章主旨要明确，段落之间的衔接要顺畅，不能前后矛盾，出现类似"用白色的染料把墙刷黑"的错误。

（3）数字精准。数字是软文不可缺少的一部分，使用非常频繁，也是读者重点关注的内容之一，如产品发布日期、产品参数等。这些数字必须有精确的表示，如果含糊处理，不能提供依据，很容易引发争议。主要存在以下两方面的问题。

1）数据不准确。准确性是数据使用的首要要求，是软文可信度的保证，一旦出错，影响较大。这种情况产生的原因主要有：①数据来源不准确。采用过期数据或是引用非正式文件数据造成错误。②直接使用不一定准确的外来数据，如果没有进一步核实，可能会产生问题。③计算错误。④日期未核对。软文营销很多会涉及日期方面的内容，如把产品上市日期写错，可能造成重大损失。⑤量和单位使用错误或数字增减错误。如："产品的单价约20。" 20后面少了单位"元"；把"1.5万亿"写成"1.5亿"；把"在2000年的时候"写成"在20000年的时候"等。

2）使用不规范。使用不规范主要有以下情况：①简写不规范。如："2015年"简写成"15年"或"1五年"；"2010年-2015年"写成"2010-15年"等。②约数、概数表述不当。如"企业市值约2 000万元左右""至少需要资金100万元以上""三、五天""10几人"等。③日期书写不规范。如写成"2015年二月二日""二零一五年2月2日"等。注意各朝代的非公历纪年、星期几必须使用汉字。

（4）标点符号使用规范。

《标点符号用法》（GB/T 15834—2011）是判断标点符号使用正误的国家标准。在软文创作中，一定要注意标点符号的规范使用。标点符号常犯的使用错误有以下三个方面：

1）顿号、逗号与分号用法错误。这是软文中经常被误用的标点符号。如句子内部该停顿的地方没用逗号，不该停顿的地方误用逗号；非并列词语之间误用顿号，没有停顿的并列词语之间误用顿号，不同层次的停顿使用顿号造成结构层次混淆；并列词语之间误用分号，非并列关系的单重复句误用分号，应该用句号断开的两个独立的句子误用分号。

2）句号与问号的用法错误。句号是陈述句末尾的停顿。问号是疑问句末尾的停顿。两者有明显区别，但在具体的软文写作中经常出现有疑问词并非疑问句却误用问号的现象。

3）书名号和引号的用法错误。书名、篇名、戏剧名、歌曲名、报纸杂志名和法规文件等用书名号标明，会议名称、证件名称等不能用书名号标明。引号一般用于直接引用的部分。在软文写作中，经常把不必要的名称加引号，如3部长篇"小说"是明显的引号使用错误。

因此，软文在发布之前一定要仔细校对，防止出现以上这些问题。

### (三)软文营销存在的道德风险

有的软文为了扩大推广效果而不顾社会道德,传播负面能量。最常见的就是恶性炒作。市场上一些企业为了宣传,进行无底线的炒作,引起了读者的反感。因此,不能为了追求关注度,而在文中引入宣传色情、暴力等违背社会风俗的内容。这样虽然可能提高了企业的知名度,却损害了企业的美誉度,得不偿失。

为避免道德风险,企业在软文营销过程中要做到遵循社会公德,不一味地为了推销产品而散布一些有违道德底线的信息,损害公众利益。同时,以德为镜,做良心企业,只有用产品质量赢得公众认同,才能真正树立企业品牌形象。

### (四)规避软文营销过程中可能面临的法律风险

软文营销市场受到相关法律法规定的约束,一旦违法就要受到法律的制裁。在软文营销过程中,常见的法律风险包括肖像权风险、名誉权风险、著作权风险等。

#### 1. 肖像权风险

肖像权,是指人对自己的肖像享有再现、使用并排斥他人侵害的权利,是人所享有的以自己的肖像上所体现的人格利益为内容的一种人格权。《中华人民共和国民法通则》第100条规定:"公民享有肖像权,未经本人同意,不得以营利为目的使用公民的肖像。"

在软文中经常会使用到一些肖像配图,以求让文章更加生动直观,这就存在一定的法律风险。因此,在软文写作中,尽量不要引用有可能侵犯他人肖像权的配图,而是根据软文的要求,搭配企业品牌的代言人照片或产品图片,以免触犯法律。

**经典案例**

**霍建华不满被擅用肖像代言,起诉索赔88万元**

2016年3月7日,霍建华起诉被代言,北京王府井百货集团北京网尚电子商务有限责任公司在浙江淘宝网络有限公司发布多款手表商品,其中在网页滚动及商品详情介绍中多次擅自使用他的肖像用于宣传。霍建华在北京市通州法院起诉相关单位,索赔88.5万元。

#### 2. 名誉权风险

名誉权,是指人们依法享有的对自己所获得的客观社会评价、排除他人侵害的权利。《中华人民共和国民法通则》第101条规定:"公民、法人享有名誉权,公民的人格尊严受法律保护,禁止用侮辱、诽谤等方式损害公民、法人的名誉。"由此可见,名誉侵权的方式主要有以下两种:

(1)侮辱。侮辱是指使用语言、肢体动作或者以其他方法,公然贬低、损害他人的人格,破坏他人的名誉的行为。在软文营销中表现为用文字或漫画等形式对他人进行嘲讽、辱骂,破坏他人形象,达到一种轰动效应。但如果过激,对他人身心造成伤害,就侵犯了他人的名誉权。

(2)诽谤。诽谤是指故意捏造并散布虚构的事实,贬损他人人格,破坏他人名誉的行为。在软文中营销中,为了引起广泛关注,无中生有或捕风捉影,捏造事实,对他人的名誉造成损害,就会触犯法律。

### 经典案例

**网络谣言制造者傅某被判刑**

上海市闸北区人民法院于 2014 年 11 月 13 日对被告人傅某涉嫌诽谤罪一案公开开庭审理，依法以诽谤罪判处被告人傅某有期徒刑两年九个月。

法院审理查明，被告人傅某于 2010 年 8 月至 2013 年 8 月期间，采用捏造损害被害人徐某、吴某某、马某某等多人名誉的虚假事实等手段，在信息网络上予以散布，从而引发网民累计达数十万次的点击及大量跟帖、负面评论，造成极为恶劣的社会影响。

#### 3. 著作权风险

著作权也称版权，是指作者及其他权利人对文学、艺术和科学作品享有的人身权和财产权的总称，包括著作人身权和著作财产权。《中华人民共和国著作权法》规定著作人身权包括：发表权，即决定作品是否公布于众的权利；署名权，即表明作者身份，在作品上署名的权利；修改权，即修改或者授权他人修改作品的权利；保护作品完整权，即保护作品不受歪曲、篡改的权利。

侵犯著作权罪，是指以营利为目的，未经著作权人许可，复制发行其文字、音像、计算机软件等作品，出版他人享有独占出版权的图书等。目前，软文营销中存在不少抄袭现象，如果以营利为目的，产生重大影响，就会触及法律底线。为了规避著作权风险，软文撰写者必须提高法律意识，坚持原创，即使需要引用，也要注明出处。当然，也要有意识地保护自身的著作权。

### 案例分析

2015 年新年伊始，微信上便是一片由抄袭问题引起的"道歉潮"。《罗辑思维》因"盗版"原创者王路的稿件而道歉；《中国企业家》杂志因未按规定使用《财新》的稿件而道歉，且要求《每日经济新闻》就不署名使用自家稿件而道歉……"1 人原创，99 人抄袭"，成了微信公众号的真实写照。

#### 4. 不正当竞争

根据《中华人民共和国反不正当竞争法》第 2 条第 2 款的规定，不正当竞争是指经营者违反该法规定，损害其他经营者的合法权益，扰乱社会经济秩序的行为。不正当竞争行为的侵权性，是指不正当竞争行为损害了或者可能损害经营者的合法权益，即采用不正当的手段破坏市场竞争秩序、损害其他经营者的合法权益，使守法的经营者蒙受物质上与精神上的双重损害。

在软文营销中，不正当竞争往往表现为对商品的质量、制作成分、性能、用途、生产者、有效期限、产地等做引人误解的虚假宣传。这些虚假宣传如果严重损害了其他经营者的合法权益，就属于违法行为。因此，软文的撰写者一定要对产品或服务的质量、性能、制作等有清晰的认识，不能为了扩大影响力而编造虚假信息，打压竞争对手，误导消费者。

### 案例分析

某保温瓶厂发布消息称，我国百姓几十年来一直使用的保温瓶胆存在着砒霜渗透的问题。他们厂生产的是无毒的"金胆"，安全、可靠，是保温瓶生产的一次革命。这一消息引起广大消费者的关注，产品热销，但是却给其他生产保温瓶厂家的生产和经营造成了巨大的经济损失。经过技术监督部门的鉴定，普通的保温瓶所使用的"银胆"根本不存在砒霜渗透的问题，而该厂所谓的"金胆"和普通保温瓶使用的"银胆"在原材料、设计方法、外形、制造工艺等方面完全一样。

该厂为了制造话题、销售产品，发布虚假消息，实际上就是对其产品的性能做引人误解的虚假宣传，已经构成了不正当竞争。根据《中华人民共和国反不正当竞争法》第24条的规定，经营者利用广告或者其他方法，对商品做引人误解的虚假宣传的，监督检查部门应当责令其停止违法行为，消除影响，可以根据情节处以1万元以上20万元以下的罚款。

## 三、积极应对网络危机

**案例思考**

2011年9月27日，消费者罗永浩在微博中称，3年前买的西门子冰箱有质量问题，该微博被迅速转发数千次。"西门子冰箱门关不紧"不断被网友指出。

2011年11月20日，罗永浩等人来到西门子（中国）北京总部大楼外，将3台冰箱砸坏，并递诉求信，要求西门子公司改正并召回问题冰箱。

随后，西门子家电首次举行媒体沟通会，称所有在中国生产、销售的西门子冰箱均符合国家标准。

由于没有及时采取网络危机公关，让事件持续发酵，德国西门子的质量问题受到越来越多消费者的关注。德国《法兰克福评论报》评论该公司"冰箱门关不严，但西门子的嘴巴却很严"，让一个小小的抱怨演变成一场严重的信誉危机。《法兰克福评论报》也指责西门子在处理危机时糟糕的客服和笨拙的公关。

这次事件，给涉事企业造成了一定的经济损失和社会声誉的损毁，对品牌形象造成了巨大的伤害。

**思考：**
企业遇到网络危机时，要如何应对？

近年来，软文营销的推广很大程度上依赖于网络媒体。网络媒体以速度快、容量大、范围广、可检索、可复制、多媒体、交互性和丰富性的特点发展迅速。微博、论坛、微信等网络媒体打造了"全媒体时代"。软文营销主要依靠的是网络口碑营销，利用论坛、微博、博客、微信等社会化媒体，将口碑信息聚合，集中呈现在消费者面前，让消费者对一个企业或产品树立信心。

但是，网络是一把双刃剑。对于企业而言，网络上的负面新闻和口碑信息也可能成为引发危机的重要导火索。应对稍有失误，负面信息就会在很短时间内传播到各个社会层面，受到网络等媒体的强烈质疑或批评，引发"舆论审判"。这种不良影响会严重损害企业的效益和声誉。

### （一）网络危机的应对方法

#### 1. 及时应对

企业管理者及时发现可能发生的危机，并迅速、准确地判断危机产生原因及影响程度，这一点非常重要。它是保证有效应对危机的首要原则，直接关系到企业营销的成败。因此，在网络危机发生后一定要快速反应，第一时间进行大众回复，遏制不利流言的传播，这是危机处理的关键。在所有媒介形态中，网络媒体具有发生即发布的特性，使得网络媒体在信息发布上具有强烈的优势，引爆舆论有时只是一瞬间的事情。可见，危机公关的第一要素是时间。一旦危机发生，企业必须在第一时间做出反应，防止负面信息进一步扩散，造成更严重的后果。

英国危机公关专家里杰斯特著名的“填补信息真空策略”指出：危机发生之初，由于情况一时不明，社会上往往会出现信息真空，这时谁先说话就会“先入为主”，填补这一信息真空。所以，企业一定要把握时机，快速通过官方网站、微博等各种网络渠道来发布信息，表明态度，保证危机公关的及时性，在最短时间内满足大众的知情需求，掌握话语权，赢得主动权。反之，一旦谣言四起，信息泛滥，就容易对企业的形象造成负面影响。

但是，发布信息的前提是企业在第一时间发布的是准确的信息，只有做出明确的说明和解释，才能获得公众的理解和支持。如果企业前后解释不一致，就容易处于被动的状态，让企业公信力受到质疑。

#### 2. 掌握主动

当发生危机时，企业一定要掌握主动权，密切跟踪事态的发展，随时发布事件的最新进展。让社会和公众及时了解事件的进展情况、调查情况和处理情况等，在舆论方面掌握主动，适当引导，平稳有序进行，使危机最小化。

**经典案例**

“滴滴出行新 Logo 被指涉嫌抄袭”事件，如图 10-7 所示。

滴滴出行新Logo被指涉嫌抄袭印度牙医标志

2015-09-09 15:47:17 来源：环球时报-环球网(北京)

分享到： 1068

【环球科技9月9日报道 记者 心月】滴滴打车上线三周年的日子里，宣布“滴滴打车”正式更名为“滴滴出行”，并启用全新品牌标识。然而本来是喜事一件，不料却被无所不能的网友爆出新Logo涉嫌抄袭印度设计师的牙医标志。

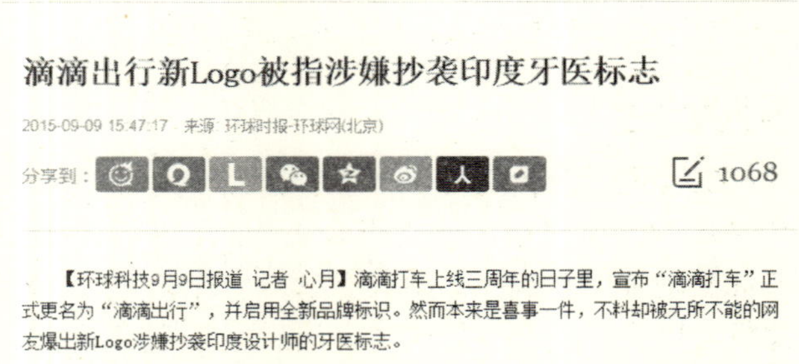

图 10-7 滴滴出行新 Logo 被指涉嫌抄袭

随后，滴滴公关在一个小时内就发出长微博做出解释，快速对公众的质疑做出反应，使事态没有进一步恶化，滴滴在危机公关处理方面是值得肯定的。

## （二）网络危机的处理原则

### 1. 真诚沟通

网络媒体是一个充满情绪色彩的平台。发布者通过信息、评论映射自己的真实感受和见解。一旦公众感兴趣的且具有新闻价值的信息被炒作，就会以多种形式在网络高速传播。如果网民被一些不确定的、扭曲的甚至虚假的信息所误导，就容易产生误判和曲解。一旦这种趋同的观点经过社会舆论广泛传播，汇聚成民意，将对企业或品牌造成不可估量的影响。

真诚沟通是网络危机公关的基本原则之一。"态度决定结果。"公关传播考虑的是如何影响人的心理，消费者都有很强的自我意识和消费者至上理念。如果危机公关采用一种强势的宣传姿态去表达，就会很容易激发人们的反感；放下架子，真诚沟通，才会使人们对企业或品牌产生好感。

### 2. 勇于承担责任

面对危机，敢于承担责任，是切实解决问题的关键。在危机爆发时，企业应该主动与新闻媒介联系，尽快与公众沟通，说明事实真相，对公众进行正确引导，消除公众疑虑，稳定公众情绪。真诚致歉，体现企业勇于承担责任的态度，赢得消费者的理解和宽容。同时，不推诿，不回避，积极与消费者展开对话，重拾消费者信任。切记不可为赢得消费者同情而对公众含糊其词甚至说谎，否则只会让消费者对企业失去信心。

## 案例分析

### 海底捞勾兑门

2011年8月22日，有媒体报道称，火锅连锁店海底捞的骨头汤及饮料均系勾兑。随后，海底捞官网及官方微博发出《关于媒体报道事件的说明》，声明语气诚恳，承认勾兑事实及其他存在的问题，感谢媒体监督，并对勾兑问题进行客观澄清。此微博被网民迅速转发。紧接着，海底捞官网及官方微博又发出《海底捞关于食品添加剂公示备案情况的通报》，笔锋更加诚恳。在事件第二天，海底捞官网及官方微博还发出《海底捞就顾客和媒体等各界关心问题的说明》，就勾兑问题及员工采访问题进行重点解释，消费者基本接受了海底捞的态度。

回顾海底捞勾兑门事件，可以看出：危机触发时，主动承认错误比解释更加有效；主动承担责任比推诿更加有效；主动透明流程比规避更加有效。

## （三）网络危机的处理步骤

在事件发生时，企业要有危机公关的一系列整体策划。首先，成立一个由企业的公关部成员和企业涉及危机的高层领导直接组成的危机公关小组。这样，才能保证对外宣传口径一致，以免出现各说各的混乱现象。其次，借助政府部门、行业协会、同行企业及新闻媒体等充分配合，联手对付危机，增强公信力、影响力。最后，在控制事态后，及时准确地找到危机的源头进行切断，以免引发新的危机。

危机公关切忌"王婆卖瓜，自卖自夸"。企业自己证明自己，没有权威的认可容易引起消费者的抵触和反感。而专业和权威部门出具证明与报告，由于是站在第三方立场往往能令人信服，这是很多企业的公关技巧之一。处置事件的每一个关节点，都要及时准确、不间断地发布权威信息，通过第三方立场纠正某些媒体的不实报道，帮助公众了解事件的全貌，赢得消费者的认可，解除对企业的警戒心理，使企业重获信任。

综上所述，网络危机公关的总原则是：快速反应，挽回影响；真诚沟通，减轻损失；权威发言，维护声誉。

**经典案例**

**王老吉“添加门”事件**

2009 年某日，有市民在一篇博文上宣称王老吉并不像宣传的那样，所有人在所有时间都适合饮用，对于孕妇、经期女性、儿童、体虚胃寒者来说，喝王老吉会影响他们的健康。此言一出，将王老吉推上风口浪尖。随后，卫生部公布凉茶王老吉含有未在卫生部公布的允许食用中药材目录中的成分，矛头直指其配方中的夏枯草。

面对此次危机，王老吉没有第一时间站出来为自己辩解，而是在广东省食品行业协会的见证下就“王老吉凉茶饮料中有关添加物问题”召开记者招待会，明确表示王老吉凉茶饮料是严格按照国家有关规定组织生产与经营的，根本不存在添加物违规问题，并表明早在 2005 年就该问题已获得卫生部备案的批复，随后其刊登了一份关于添加夏枯草获卫生部批准、符合国家标准的公告。王老吉利用第三方的权威性完成了一个成功的危机公关，如图 10-8 所示。

王老吉添加门落幕 夏枯草获卫生部批准

2010-03-15 22:51:27 来源：网易财经 跟贴 48 条 手机看股票

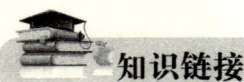

图 10-8 王老吉危机公关案例

**知识链接**

英国危机公关专家里杰斯特曾提出“三 T”原则：

Tell your own tale.（以我为主提供情况）

Tell it fast.（尽快提供情况）

Tell it all.（提供全部情况）

# 本章小结

随着互联网的发展，软文营销被越来越多的企业青睐。如果软文营销策略运用恰当，将会提高企业和产品的知名度和公信力。但由于网络媒体的快速传播性及复杂性，一旦在软文

# 第十章 规避软文营销风险

营销过程踏入误区,则很容易使企业陷入纠纷当中。本章介绍了软文营销中存在的一些误区,并围绕一些可能面临的风险提出了相应的防范方法。同时,阐述了应对网络危机公关步骤和方法,降低负面信息对企业声誉的影响。

## 本章习题

1. 软文营销的误区是什么?
2. 如何规避软文营销中的道德风险?
3. 软文营销有哪些法律风险?
4. 应对网络危机公关的主要步骤和方法是什么?

# 第十一章 软文营销实例详解

## 一、保健品类软文营销

众所周知,"脑白金"是保健品行业最具典范的软文营销的成功案例,它的成功说明了软文营销是保健品市场推广的重要突破口。除了"脑白金",保健品汤臣倍健的软文营销也有其可借鉴之处。下面综合《强健身体=坚持运动+汤臣倍健多种维生素》保健品软文,分析保健品软文的写作技巧。

强健身体=坚持运动+汤臣倍健多种维生素

工作不仅占据了我每天生活中的大量时间,它对于我而言也有着独特的意义,我热爱律师这份工作,维护当事人的权益是我工作的使命,为此我常常因工作而把生活填满,离不开我的办公桌,觉得那里才是人生价值的所在。

然而随着工作年限的不断增加,工作强度却丝毫未减。长期伏案熬夜造成的影响,似乎开始侵袭我的身体,工作中时常感到力不从心,容易犯困,哈欠不断,整整几个月时间精神萎靡不振,脾气也变得很暴躁,我甚至成为了医院的常客,大小感冒总是围绕着我。

我意识到已经没有年轻强壮的体魄可以让自己肆意挥霍了,工作几年确实让我的经济水平越来越好,然而我的身体一直在走下坡路,如果说要用身体换到金钱和成就,我想这是错误的价值观,于是我开始减少自己的工作强度,每天逼迫自己11点前一定要睡觉,每天慢跑一小时,吃汤臣倍健多种维生素补充身体所需的营养,就这样我坚持了半年。

慢跑渐渐成为了我释放工作压力的最好方式,每天慢跑一小时成了我的生活习惯,在这个专属于我个人的一小时,我可以抛开杂念全神贯注,只想脚下的路。汤臣倍健多种维生素成了这半年来改善我身体素质功不可没的大功臣。我不再像过去一样时常感到浑身乏力,注意力无法集中。

如今,在运动和汤臣倍健多种维生素的长期帮助下,我好像又回到了当年那个初出茅庐浑身是劲的小律师,成长与岁月的考验并没有剥夺我的身体,我仍旧找回了那个神采奕奕的自己。

每天一小时的跑步,每日一次一片的汤臣倍健多种维生素,让我能继续享受工作带来的成就和身体健康带来的安全感。

**实例分析**:通过以上案例可以总结得出,保健品软文的营销本质是引起读者对于健康的关注和思考,适当在软文中以客观的语言表现该保健品的功效,从而成功推广产品。一般而言,保健品软文营销主要从以下三个方面入手。

### 1. 保健品软文营销的杀手锏——恐吓营销

人生来对老、病、死有恐惧感,随着现代科技的发展,人们的生活品质更趋完美,对于健康也日益渴望。因此,恐吓营销便逐渐成为医药保健品营销的杀手锏之一。

恐吓营销是指在软文中以产品疗效(功能、用途)为基础,详尽分析并列举与之相联系(这种联系包括直接的和间接的)的各种症状(体征),深入分析、阐述各种症状的严重后果,以达到宣传该保健品功效的目的。

恐吓营销在逻辑上的表述为:分析产品→列举提出问题→渲染问题的严重性→从心理上恐吓→采取措施→潜在购买成为现实购买。当然,恐吓营销实施的核心要领就是"小题大做",有时甚至是"无中生有",但企业要做好社会道德与经济利益之间的权衡,不能过度,否则容易引起消费者的厌恶、反感,甚至会招致政府部门的干预。

2. 新闻与体验营销相结合

保健品软文营销应尽量采用新闻式与情感体验式结合的方法。新闻营销容易让读者产生信任感,而情感体验有助于彰显口碑。如《强健身体=坚持运动+汤臣倍健多种维生素》中就是以体验式的方法写作的软文,凸显汤臣倍健对于健康的促进作用。

3. 品牌营销

对于保健品而言,品牌塑造尤为重要。因为关乎健康,消费者更看重保健品的品牌。塑造品牌是保健品走向畅销的必由之路。通过系列软文集保健品药材、功效、科技及消费者情感等为一体,塑造品牌形象,突破消费者的心理防线,植入品牌理念,从而引起热销。如膳食补充剂领导品牌汤臣倍健用姚明作为其代言人树立品牌形象。

## 二、化妆品类软文营销

化妆品是目前电商平台热销的一大品类。要想做好化妆品的软文营销,不能一味地吹嘘其功效。下面结合《"白,不能浮于表面"欧诗漫珍珠美白季邀你一起净透润白》化妆品软文,分析化妆品软文的写作技巧。

### "白,不能浮于表面"欧诗漫珍珠美白季邀您一起净透润白

打开腾讯天天快报 App,以往单调的开机背景被一抹亮眼清新的蓝色所取代,美美的 Angelababy 成为了天天快报开机闪屏的主形象。Angelababy 将直接面对 5 600 万人群,以"白,不能浮于表面"为话题,邀请一众爱美的粉丝共赴美白季。在娱乐 App 打开率更高的周末,Angelababy 将在音乐工具第一品牌腾讯 QQ 音乐粉墨登场。三亿年轻消费人群,两大国民主导 App,将带领你一起感受欧诗漫珍珠白所带来的净透润白。

美白是女人永恒的护肤话题。春暖花开,又到了一年当中美白最重要的季节,欧诗漫以一场遍布全国各大渠道的大型珍珠美白季营销活动拉开了 2016 年开年美白的大幕。

1. 和 Baby 一起净透润白

在我们身边,有很多这样的人,她们出门时肤色亮白无暇,晚归时却暗淡无光,简直判若两人。美白,究竟是浮于表面的假白还是源自肌肤内在的真白?Angelababy 将带领大家感受最真实的美白体验,"珍白大作战",不要浮于表面的假白,要真正地让深层肌肤如珍珠般净透润白。

2. 实力领先的珍珠美白

作为行业公认的珍珠美白品牌,欧诗漫在珍珠美白领域有着独到的优势,并在行业内和消费者心目中树立了良好的口碑。早在 2008 年,欧诗漫就推出了以珍珠美白为诉求的专业

美白系列——珍珠白净透系列。此产品一经推出即风靡全国市场，一举树立起欧诗漫在中国美白护肤领域的标杆地位。2013年，珍珠白系列迎来全面升级，欧诗漫以天然、健康的美白理念建立起中国美白行业全新的安全标准，正式将珍珠美白提升至健康美白的新高度，并成功走出国门，在法国巴黎荣膺中国好产品称号。

**3. 好功效才能有好口碑**

我们相信，消费者购买一个产品的时候，不光是买产品，更是出于对一个品牌的信任。美白产品，除了功效以外，安全健康更是消费者最为关注的问题。欧诗漫珍珠白以如珍珠般温和、天然、绿色的美白效果为卖点，历经市场和时间的考验，得到消费者的一致肯定。在第三方公司的市场调研中，欧诗漫珍珠白的美白功效和满意度都令人瞩目，仅在2015年就先后获得时尚COSMO、瑞丽、悦己、健康之友、PCLADY等权威时尚美妆杂志颁发的口碑大奖。

凭借着在《中国之星》上的成功亮相，欧诗漫珍珠白被越来越多的消费者所认识和接受。"欧诗漫珍珠白"列入了2015年度百度搜索风云榜的前十名，这也证明了珍珠白在市场上的超高人气。

**4. 高人气的美白盛宴**

传播高人气：也许你在日常的新闻浏览中，就曾看到过"Baby邀您一起净透润白"的画面，这是欧诗漫针对这次美白季，特别推出的原生信息流广告，作为时下最尖端的广告投放形式，信息流广告以技术驱动，为本次美白季带来大量的人气。除此之外，Angelababy演绎的"白不能浮于面"全新主题广告片早在年初就已登陆湖南卫视、浙江卫视两大高收视率卫视平台，同时在《王牌对王牌》等热门综艺中亮相，而且在腾讯、优酷、爱奇艺这样的知名视频网站也能找到欧诗漫珍珠美白的身影，为美白季造势宣传。

知名行业媒体化妆品报C2CC、CBO等也将站在专业媒体的角度为本次美白季发声，行业营销专家冯建军也将为美白季做出客观点评。

产品高人气：除了原有的明星珍珠白系列，欧诗漫针对本次美白季特别推出了美白随行套装、精选促销装等，为消费者带来更加贴心的美白体验。同时在官网、自媒体、电商及全国终端精准派发百万数量级的美白试用装，全民一起珍珠白。

活动高人气：以珍珠美白季为主题的全国大型产品促销路演活动，正相继在沈阳、长沙、邯郸、上海、洛阳五大城市上演，一对一美容指导，并有江映蓉、品冠和黄雅莉等明星加持，邀请了众多爱美人士集聚一堂，好礼狂送，优惠给力，真正让利消费者，为美白季呐喊助威。

欧诗漫相信，每个女人应该拥有珍珠般雪白光彩的面容，成为众人注目艳羡的焦点。欧诗漫"珍珠美白季"迎合时下美白的需求热点，致力于为消费者带去最真实健康的珍珠美白体验，"白，不能浮于表面。"就和欧诗漫珍珠美白季一起，共同感受珍珠般的净透润白。

**实例分析**：通过以上案例，可以总结得出化妆品软文营销要抓住安全、功效、优惠等关键词信息，让读者在阅读中加深对产品印象，树立化妆品品牌形象。具体可从以下三点展开。

**1. 提炼卖点**

化妆品在做软文营销时一定要分析目标人群，提炼该产品的卖点，如化妆品的安全性、功效、颜色、造型等。提炼卖点有助于在软文营销时中有所侧重，进一步突出产品特性。如案例中欧诗漫明确了"美白"这一卖点，能使整篇软文重点突出，让读者牢牢记住了美白这个关键词。

### 2. 结合新颖实效的促销活动

化妆品要掀起热销，一定要搭配新颖实效的促销活动，促销活动能迅速增加该化妆品的新用户，为口碑营销打下坚实的基础。一般针对消费者的促销方式有优惠券、赠品、折价、奖金、现金返还、免费试用等。当然，促销一定要适度，否则容易打击产品的品牌效应。

在上述欧诗漫化妆品的软文营销案例中就提及了促销活动，如："欧诗漫针对本次美白季特别推出了美白随行套装、精选促销装等，为消费者带来更加贴心的美白体验。同时在官网、自媒体、电商及全国终端精准派发百万数量级的美白试用装，全民一起珍珠白。""以珍珠美白季为主题的全国大型产品促销路演活动，正相继在沈阳、长沙、邯郸、上海、洛阳五大城市上演，一对一美容指导，并有江映蓉、品冠和黄雅莉等明星加持，邀请了众多爱美人士集聚一堂，好礼狂送，优惠给力，真正让利消费者，为美白季呐喊助威。"相信不少读者将会为这些促销活动买单，成为消费者，从而提高欧诗漫化妆品的知名度。

### 3. 明星代言是利器

品牌形象的树立是化妆品赢得消费者的关键。对于化妆品消费者而言，品牌化妆品更让人有信赖感。一切功效都建立在品牌的基础上。因此，在做化妆品软文营销时，一定要突出该化妆品的品牌效应。而明星代言是建立品牌最迅速的方式。如果没有明星代言，口碑宣传及行业报告等也能在一定程度上树立化妆品品牌形象。如案例中欧诗漫的品牌代言人Angelababy、口碑调查报告及行业媒体的肯定等，都进一步树立了欧诗漫的品牌形象。

## 三、家电类软文营销

家电行业更新迅速，只有抓住消费者的对于家电消费的关键词，才能在软文营销中立于不败之地。结合《海尔冰箱以精控干湿分储技术成为规则制定者》软文，走近家电软文营销。

**海尔冰箱以精控干湿分储技术成为规则制定者**

商务部曾刊文表示，在国际规则制定中不能当旁观者和跟随者，而是要积极做参与者和引领者。如今，海尔冰箱已成为国际上第一个主导IEC保鲜标准制定的中国家电企业。为何海尔冰箱能成为国际规则制定者呢？3月9日，在2016中国家电及消费电子博览会（简称AWE）上，海尔展出的法式405冰箱新品所搭载的精控干湿分储技术，足以解答这个问题。

据了解，此前冰箱行业普遍存在两大技术惯性。第一个技术惯性是在关注食材保存环境的湿度问题上更侧重保湿，导致部分食材易发生腐烂现象。而海尔冰箱终结惯性思维，首次将食物保鲜作为技术创新主要方向，不仅关注保湿，更关注保干，于2015年推出全球首创干湿分储技术，达到"湿而不腐，干而不燥"的保鲜效果。

行业第二个技术惯性是习惯于冷藏室大面积统一制冷。这样的制冷模式存在两种缺陷：一种是降温速度慢，区间温度浮动大；另一种是容易导致原本低温食材降温过度，破坏营养成分。海尔精控干湿分储技术在干湿分储的基础上，实现了对冰箱冷藏室各空间温度的独立调节，提升了冰箱降温速度，也极大缩小了温区浮动。

在海尔展区可以看到，法式405冰箱冷藏室被分为4个独立区域，每个区域内有独立传感器和风道模块，分别控制不同区间的温湿度，同时，从1种送风方式到8种送风方式的颠覆式设计,有效减少了食物储存温度的波动,使保鲜效果提升20%、节能效果提升15%。

据海尔方面透露,为解决用户生活痛点,海尔冰箱研发人员从2013年开始,经历了数百次试验,最终成功研发出这项创新技术。截至目前,海尔精控干湿分储技术共申请了69项专利,其中发明专利近50项。而此前行业内平均一项技术的专利数仅为1~2个。德国VDE专家也表示:"海尔精控干湿分储技术的新颖性和创造性都是行业唯一,将食物保鲜提升到了行业领先的高度。"

终结行业技术惯性,围绕食材研究,虽已实现行业引领,却仍持续保鲜技术的创新和迭代,这恰恰证明了海尔冰箱以人为本的创新理念。这也解释了海尔为何能开创先河,能够作为首个中国家电企业主导国际标准制定。

**实例分析**:通过以上案例,可以总结出家电行业的软文撰写技巧主要从两个方面入手。

### 1. 做好新闻营销

家电质量是产品考核的首要标准。如今山寨品、假冒伪劣产品众多,对于消费者而言,产品质量的保障是提升销量的重点。因此,在做此类型产品的软文营销时,要采用新闻营销,把该产品的特色体现出来,更有益于读者接受。如案例中的海尔冰箱以精控干湿分储技术为主要特色,推出法式405冰箱新品,强调了海尔冰箱技术的创新,以新闻的形式展现出来,加深了读者对海尔冰箱区别于其他品牌的形象意识,达到推广效果。

### 2. 做好口碑营销

在做家电软文营销时,一定要以用户体验及解决用户问题为中心,注重口碑效应。因为家电是消费者最容易体验出效果的产品。一款好的产品能迅速在消费者心中树立良好的品牌效应。相反,则容易让消费者对该品牌的家电产生不信任感。案例中提到海尔冰箱从消费者使用冰箱食物容易腐烂这一体验作为切入点,在软文中宣传海尔冰箱"湿而不腐,干而不燥"的保鲜效果,就是采用了以用户感受为中心的口碑营销方式。

## 四、食品类软文营销

食品类软文的写作离不开对食品健康和味道的描述,下面这篇软文《客家美食东江盐焗鸡 皮脆肉嫩 骨酥味香》就是一篇很好的食品类软文。

**客家美食东江盐焗鸡 皮脆肉嫩 骨酥味香**

客家美食名扬四海有一个很重要的原因,就是客家美食背后所承载的千年历史。客家美食在不断传承和变化中,已在省内外的客家地区形成了各具特色的客家菜式。

在东江流域的客家地区,有一道流传久远的传统名菜:东江盐焗鸡。这道菜皮脆肉嫩,骨酥味香,具有补中益气的功效,对营养不良、畏寒怕冷、乏力疲劳、月经不调、贫血、身体虚弱的患者有很好的食疗作用。

据河源市区客家名厨欧阳振波介绍,东江盐焗鸡又叫客家盐焗鸡、客家咸鸡,它的形成相传与当地客家人的迁徙密切相关。客家先民在古代南迁过程中,每搬迁到一个地方,经常受到异族侵扰,难以安居,之后又被迫搬迁到另一个地方。在迁徙过程中,每家每户便将饲养的家禽、家畜宰杀后放入盐包中,以便贮存、携带,到搬迁地后再打开盐包慢慢享用。其中东江盐焗鸡就是客家人在历次迁徙过程中运用智慧制作的一道绝美菜肴。起初,客家人将宰杀干净的家鸡用盐腌制好并封存,准备食用时才直接将"咸鸡"

在锅中蒸熟食用。

东江盐焗鸡的制法独特,在客家地区有多种做法,有水焗法,也有气焗法。不过,今天我们要教大家一种非常简单的做法,只要一个小时就能尝到皮爽肉滑、骨香味浓的东江盐焗鸡。

首先,将沙姜、八角、食盐、麻油、酱油等配料调好,抹在光鸡的胸腔内外,然后将涂上配料的光鸡与姜葱一起用锡纸或草纸包好,放入炒制好的砂锅盐堆里焗制约1小时即可取出食用。也可以直接将涂有各种味料的光鸡直接放入电压力锅进行焗制,经过焗制的东江盐焗鸡色泽微黄,吃起来非常爽口,唇齿留香。

**实例分析:** 以上案例是典型的一篇食品类软文。如今食品种类繁多,消费者对于食品的要求也越来越高,怎样才能让产品脱颖而出?可从以下两个方面来体现。

1. 品牌营销

消费者的品牌意识在逐渐加强,特别是食品,因此,食品类软文营销一定要塑造好产品的品牌形象。如提起牛奶消费者自然想到蒙牛、伊利,提起方便面就想到康师傅等。在软文营销中,要注意对食品品牌的塑造,案例中以盐焗鸡历史渊源增加知名度,把"东江盐焗鸡"作为品牌融入软文。

2. 口碑营销:健康与味道缺一不可

首先,食品类软文营销要对食品的产地、选料、加工等进行拆分宣传,有利于读者在阅读中加深对产品的信任感。特别是在食品有益健康这方面的描述要有所体现。案例中提到盐焗鸡"具有补中益气的功效,对营养不良、畏寒怕冷、乏力疲劳、月经不调、贫血、身体虚弱的患者有很好的食疗作用",这些口碑描述对读者有较强的吸引力。

其次,食品类软文营销一定要突出该食品的色、香、味等。对于食品,消费者关注更多的还是该食品是否美味。因此,在软文中对食品的描述要能挑起读者尝试的欲望。如案例中对盐焗鸡的描述"经过焗制的东江盐焗鸡色泽微黄,吃起来非常爽口,唇齿留香"。

再次,食品类软文从消费者体验入手,通过对该食品制作或品尝过程的描述,更容易引起读者的共鸣,达到宣传效果。如案例中对制作流程的描述,让读者有参与感。

## 五、汽车销售类软文营销

随着互联网的发展,软文推广越来越受到汽车销售行业的青睐,成为汽车销售重要的营销手段。下面这篇软文《2016款丰田霸道4.0版 天津港月底促销热卖》就是一篇典型的汽车销售类软文。

### 2016款丰田霸道4.0版 天津港月底促销热卖

2016款霸道4.0配置:彩色液晶仪表盘显示屏,桃木内饰,真皮座椅带通风,原厂导航屏,原厂后娱,冰箱,智能卡,天窗,氙灯LED,大灯清洗,前后电眼,电动座椅,巡航定速,中差速锁,下坡辅助。

2016款丰田霸道4.0中东版是一款性价比较高的SUV车型,轮眉和轮胎之间的巨大空隙毫不低调地展现着自己的攀爬能力,配以高度坚固的车架以及强化的悬架系统,最崎岖的旅途也会变得舒适顺畅。2016款丰田霸道4.0中东版整体感觉硬朗但并不张扬。现车天津港最低价格豪华热促,开春购车可享巨幅优惠,现在购车可享商家更多价格优惠,提车更有豪礼相送，配置手续齐全。

2016款丰田霸道4.0中东版的大灯采用灯壳外凸设计，灯体新增有利于提升照明安全的透镜设计，镶嵌在保险杠上的方形雾灯则被新的圆形雾灯所取代，让整车更加大气。典雅的新式车身彩条，贯穿侧车身一气呵成，给简洁的车身带来无限活力。四驱系统提供四种模式，分别为泥沙模式、碎石模式、沟壑模式及石块路面模式。

**实例分析**：一篇成功的汽车销售类软文，可以促进该汽车产品销量的提升。但如何做好软文营销呢？从以下几个方面着手。

**1. 以价格作为突破口**

价格营销一般指的是利用如促销、打折、降价等方式吸引消费者购买的一种营销方式，是汽车类软文营销中最常见的营销模式。汽车行业品牌林立，各价位对应的车型竞争激烈，而促销、打折、降价等关键词能迅速抓住消费者眼球，提高转化率。

**2. 以产品作为基础**

汽车类软文营销要以产品作为基础。在软文中对汽车的车型、功能等应分段列出，让读者在阅读时能清晰地了解到关于该汽车产品的主要信息，突出该产品不同于其他品牌产品的特性。如案例中就从丰田霸道4.0的内饰、动力、外观等方面做了较详细的介绍，很好地为读者推介了此产品。

**3. 以活动作为载体**

汽车类软文营销通常以活动作为载体扩大影响力。如案例中开展的"天津港月底促销热卖"活动，在一定程度上对该产品的宣传推广起到了促进作用。因此，活动是汽车类软文营销必不可少的一部分，可参照的类似活动有免费试驾、抽奖、征集车名等。

## 六、金融类软文营销

随着电子商务的日益发展，数字化支付及借贷等金融服务也逐步发展和完善，下面是一篇金融类软文《"白条"升级 京东金融推现金借贷产品"金条"》，可通过这篇软文了解金融类软文的写作技巧。

"白条"升级 京东金融推现金借贷产品"金条"

2016年3月27日，京东消费金融发布了首款现金借贷产品——"金条"。京东消费金融事业部总经理许凌表示，"金条"是"白条"信用在现金消费场景下的延伸：一是产品功能上的延伸，依托"白条"的大数据模型和信用评估体系，给有现金需求的"白条"用户更丰富的消费金融产品体验，支持随借随还；二是场景使用上的延伸，满足用户各类场景下的现金需求。

"金条"是"白条"信用在现金消费场景的延伸。

据了解，依托现有的大数据模型和信用评估体系，京东金融邀请"白条"用户开通"金条"，采用差异化授信和利率定价方式，提供最高授信额度20万、最长分期12个月的现金借贷服务，按天计息，日利率不超过0.05%。

经过两年时间的摸索和用户积累，京东金融已经搭建了一套相对成熟的风控体系和信用评估体系，目前已经对近2亿用户进行了信用评分。从用户需求的角度出发，京东金融将不断丰富消费金融产品类型，持续向市场输出消费金融产品能力。因此，"金条"

是在服务一群有现金贷款需求的用户。"我们不需要提高利率去覆盖风险,而是主动将风控前置,主动去满足这些用户的需求,给他们更丰富的产品体验。这样一套用户服务的逻辑也有助于信用体系的搭建和良性循环。"京东金融消费金融事业部总经理许凌分析称。

京东消费金融产品将逐步实现标准化输出。

这两年里,京东金融一直坚持风控、账户、连接这三大基本功,输出底层科技能力,加强用户运营,不断创新产品,将金融与科技融入到更多场景。在京东消费金融业务上,其风控能力和场景化能力显得尤为突出,并集中体现在产品能力的输出上。

在京东消费金融业务团队中,有三分之一是风控人员,他们来自银行、大数据公司、咨询公司等专业领域。许凌认为,作为一家金融科技公司,需要依托科技优势,将风控能力和风险定价能力输出,进而降低获客成本,提升风控效率,以此打造核心竞争优势。

"从'白条'到'金条',京东消费金融一直在完善用户体验。今后所有的产品都将在移动端申请,甚至完成审批,这也需要强大的风控与信用评估体系支撑。"许凌说,"我们不会进行服务费率的恶性竞争,而是希望通过金融科技的服务能力,带动整个消费金融行业提升服务效率,真正去重视消费者的体验。未来,我们将围绕用户需求,基于大数据、厚数据、动数据的风险管理体系,让京东消费金融产品实现标准化、系统性输出。"

**实例分析**:通过以上案例,可以总结出金融类软文营销,写作有以下两个要点。

首先,金融财经领域有很多专业名词,软文撰写者必须在掌握相关专业名词的基础上撰写软文,不能切勿胡乱用词或杜撰不存在的专业术语。

再次,为了增加权威性,最好在新闻版面发布软文,同时金融类软文因其专业性容易枯燥,阅读性较低,采用新闻营销模式能让读者迅速提取到主要内容。

## 本章小结

随着电子商务的飞速发展,软文在各行业中的营销作用越来越明显。本章对保健品、化妆品、家电、食品、汽车、金融行业软文写作的侧重点及方法进行了介绍,总结得出撰写不同行业软文的写作要点,有助于读者从实例中迅速掌握软文的撰写技巧。

## 本章习题

请分析下面这篇《美白季 兰芝助你一臂之力》软文案例,说说化妆品类软文的写作方法。

### 美白季 兰芝助你一臂之力

清澈亮白的肌肤是唤醒内心与生俱来的魅力与自信的关键。根据兰芝调查结果显示,亚洲人将比当前肌肤增白两个度的肌肤视为理想的亮白肌肤。

　　不管怎样的妆容，好的肌肤状态十分重要。无论是平日里的日晒风吹，或是偶尔雾霾天里的粉尘颗粒入侵，都会导致肌肤暗沉的元凶——黑色素的生成。针对这一难题，兰芝全球首创细胞级黑色素清扫科技，从源头抑制黑色素的生成。今年，兰芝享誉亚洲的人气美白精华——臻白净透修护精华露将率先升级，带来成分升级、功效加倍的瞩目科技，以更亲肤高效的绿茶多糖体成分和松露提取物滋润护理肌肤，让有效成分深入至黑色素细胞。亮白、水润、无瑕、匀净、通透、亮采6大效果，打造牛奶般的白皙光泽。

　　"外用"气垫BB霜打造亮白韩式潮妆，"内服"臻白净透修护精华露清扫细胞黑色素。1+1=2的两度亮白就可以绽放最理想的肌彩。